金石拓片细读丛书

上海博物馆 编

大盂鼎拓本评析

兼及前期青铜器全形拓

唐友波 著

上海大学出版社

图书在版编目（CIP）数据

　　大盂鼎拓本评析：兼及前期青铜器全形拓/唐友波著.
-- 上海：上海大学出版社，2019.12
　　（金石拓片细读丛书）
　　ISBN 978-7-5671-3429-4

　　Ⅰ.①大… Ⅱ.①唐… Ⅲ.①金文–拓片–研究–眉县–西周时代 Ⅳ.① K877.34

　　中国版本图书馆 CIP 数据核字 (2019) 第 301551 号

策　　划	陈曾路
特约编辑	邱慧蕾　易辰琛
责任编辑	邹西礼
助理编辑	潘　鸣
装帧设计	孙　康
技术编辑	金　鑫　钱宇坤

大盂鼎拓本评析：兼及前期青铜器全形拓

唐友波　著
上海大学出版社出版发行
(上海市上大路 99 号　邮政编码 200444)
(http://www.shupress.cn　发行热线 021-66135112)
出版人　戴骏豪
*
上海游帛文化传播有限公司排版
江阴金马印刷有限公司印刷　各地新华书店经销
开本 787mm×1092mm 1/16　印张 14.75　字数 182 千字
2020 年 1 月第 1 版　2020 年 1 月第 1 次印刷
ISBN 978-7-5671-3429-4/K·207　定价 128.00 元

目 录

前　言 ································· 001
前　篇
　　第一节　上海博物馆藏大盂鼎旧拓五种 ············ 026
　　第二节　早期大盂鼎拓本的流传与"二白"本 ········ 052
　　第三节　关于全形拓 ······················· 066
　　第四节　余论 ··························· 085
　　　　一　大盂鼎出土及归藏潘祖荫 ·············· 085
　　　　二　关于小盂鼎 ····················· 092
再　篇
　　第一节　从清仪阁铜器拓本看早期全形拓 ·········· 100
　　　　一　张叔未清仪阁藏铜器的全形拓本 ·········· 101
　　　　二　早期全形拓面貌和特点 ················ 115
　　第二节　吴大澂藏铜器全形拓本的讨论 ············ 134
　　　　一　愙鼎全形图分析 ···················· 137
　　　　二　吴大澂藏器全形拓现存卷轴分析 ·········· 159
　　第三节　新见大盂鼎全形拓评析 ················ 186

主要参考文献 ···························· 223
后　记 ································· 225

插图目录

图 1　潘达于像 …………………………………………………001
图 2　文化部给潘达于的褒奖状 ………………………………001
图 3　大盂鼎正面 ………………………………………………002
图 4　大盂鼎背面 ………………………………………………003
图 5　大盂鼎铭文 ………………………………………………004
图 6　大克鼎正面 ………………………………………………006
图 7　大克鼎背面 ………………………………………………007
图 8　大克鼎铭文 ………………………………………………008
图 9　阮元刻《王复斋钟鼎款识》封面、扉页 ………………014
图 10　《历代钟鼎彝器款识法帖》楚公钟铭文（影印崇祯刻本）…015
图 11　《王复斋钟鼎款识》楚公钟铭文 ………………………016
图 12　罗振玉藏伪楚公钟铭文拓本 ……………………………017
图 13　罗振玉藏伪楚公钟全形拓 ………………………………017
图 14　《金石屑》汉洗图 ………………………………………018
图 15　写绘本《博古图》文字及彩图 …………………………019

图 16　上海博物馆藏大盂鼎拓本轴五种 ………………………027
图 17　8594 拓本轴及题签 ……………………………………028
图 18　8594 原签及《恒轩所见所藏吉金录》盂鼎图 …………029
图 19　8594 吴大澂篆书考释两段 ……………………………030
图 20　大盂鼎铭文拓片及释文 …………………………………033
图 21　8594 吴大澂补考之一 …………………………………034
图 22　8594 顾肇熙跋 …………………………………………036
图 23　8594 吴湖帆跋 …………………………………………038

图 24	8594 鉴藏章（部分）	039
图 25	8595 拓本轴及题签	040
图 26	8595 王同愈跋	041
图 27	8595 吴湖帆鉴藏章	042
图 28	9716 拓本轴及题签	043
图 29	9724 拓本轴及题签	044
图 30	9724 褚德彝题名及跋	045
图 31	9724 潘志颖跋	045
图 32	9724 鉴藏章	046
图 33	9725 拓本轴及题签	047
图 34	9725 杨沂孙跋	048
图 35	9725 杨沂孙释文	049
图 36	9725 吴云跋（右）	050
图 37	9725 吴云跋（左）	050
图 38	上博藏五轴铭文及 8595、9716 全形拓腹内铭文局部对比	060
图 39	上海博物馆藏大盂鼎铭文旧拓（0020）	063
图 40	8595 全形拓	068
图 41	9716 全形拓	069
图 42	侯臣手拓尉攸从鼎	071
图 43	阮元题六舟《焦山周鼎图》	073
图 44	大盂鼎足部纹饰	074
图 45	大盂鼎足正面纹饰拓本 1	075
图 46	大盂鼎足正面纹饰拓本 2	075
图 47	8595 全形拓器足（左）	076

图 48	9716 全形拓器足（左）	076
图 49	9716 全形拓器足局部	078
图 50	8595 全形拓器足局部	078
图 51	周希丁手拓臣卿鼎（国家图书馆藏）	079
图 52	大盂鼎腹纹拓本	080
图 53	8595 全形拓腹纹	080
图 54	9716 全形拓腹纹	080
图 55	大盂鼎腹纹拓本局部	081
图 56	8595 全形拓腹纹局部	081
图 57	9716 全形拓腹纹局部	081
图 58	《窑斋集古图·万罍》局部	082
图 59	《南公鼎文释考》全形拓图	082
图 60	六舟《剔灯图》	102
图 61	张廷济藏仲隻父簋全形拓	105
图 62	张廷济藏爵全形拓 1	106
图 63	张廷济藏爵全形拓 2	106
图 64	张廷济藏爵全形拓 3	107
图 65	汉廷济藏爵全形拓 4	107
图 66	者娟爵铭文拓及跋文	108
图 67	者娟爵全形拓轴	110
图 68	者娟爵全形拓轴原题签	110
图 69	者娟爵全形拓图及张廷济跋	114
图 70	者娟爵全形拓六舟等观跋	116
图 71	六舟拓子璋钟全形轴	118

图 72	上海博物馆藏子璋钟	119
图 73	黿公䩨钟全形拓	120
图 74	上海博物馆藏黿公䩨钟	120
图 75	黿公䩨钟舞面	121
图 76	六舟《剔灯图》倒置全形	123
图 77	六舟竟宁灯铭拓	124
图 78	《欧米蒐储支那古铜精华》者婣爵	125
图 79	六舟拓阮元藏器三种全形拓轴	126
图 80	六舟拓陶陵鼎全形	127
图 81	陶陵鼎铭文拓本	129
图 82	鹤洲拓陶陵鼎全形局部	129
图 83	刘梁碑残石拓本及六舟颖拓碑侧	130
图 84	胡义赞拓《汉玉冈卯》	135
图 85	吴大澂拓《新莽虎符》	136
图 86	上海博物馆藏鄂叔簋	138
图 87	鄂叔簋底座的铃	138
图 88	《西清续鉴》陎伯睘簋图	139
图 89	陎伯睘簋	139
图 90	陎伯睘簋铭文	139
图 91	南京博物院藏师眉鼎	141
图 92	《愙斋集古图·微子鼎》	142
图 93	上海图书馆藏轴《微子鼎》	142
图 94	《周金文存·愙鼎》	143
图 95	《周金文存·愙鼎》铭文	143

图 96	《吴愙斋先生年谱》图版《愙鼎》 …………144
图 97	吴大澂题跋轴《微子鼎》…………144
图 98	黄士陵绘《周愙鼎》…………144
图 99	吴大澂款《愙鼎》轴…………145
图 100	恒轩手拓师眉鼎铭文及全形拓图轴…………146
图 101	刘汉基藏吴大澂题跋全形拓照片 1…………148
图 102	刘汉基藏吴大澂题跋全形拓照片 2…………149
图 103	刘汉基藏吴大澂题跋全形拓照片 3…………150
图 104	刘汉基藏吴大澂题跋全形拓照片 4…………151
图 105	岐山博物馆藏吴大澂藏器全形拓轴 1…………152
图 106	岐山博物馆藏吴大澂藏器全形拓轴 2…………153
图 107	岐山博物馆藏吴大澂藏器全形拓轴 3…………154
图 108	岐山博物馆藏吴大澂藏器全形拓轴 4…………155
图 109	《恒轩所见所藏吉金录》师眉鼎图…………157
图 110	上博卷《邦殷》拓本…………166
图 111	上博卷《鲁伯愈父匜》拓本…………168
图 112	《吉金图·铸子黑臣匜》拓本…………168
图 113	《吉金图·叔男父匜》拓本…………169
图 114	上图轴《郑大内史叔上匜》拓本…………169
图 115	上博卷《趠尊》拓本…………170
图 116	《吉金图·趠尊》拓本…………171
图 117	上图轴《趠尊》拓本…………172
图 118	上海博物馆藏趠觯…………173
图 119	《陶斋吉金录》同姜鬲图…………176

图 120	《陶斋吉金录》大吉宜王洗图	177
图 121	《海外吉金图录》鳞纹豆	178
图 122	周生豆	179
图 123	嘉德 0335	188
图 124	泰和嘉诚 1331	189
图 125	嘉德 2009	190
图 126	泰和嘉诚 1398	191
图 127	私人藏品	192
图 128	中国书店 902-1	193
图 129	嘉德 2051	194
图 130	书画艺拍 0054	195
图 131	朵云轩 830	196
图 132	翰海 1242	197
图 133	嘉德 1915	198
图 134	"六名家题跋本"毛公鼎拓本轴	209
图 135	西泠印社藏毛公鼎拓本轴	210
图 136	毛公鼎正面	211
图 137	毛公鼎背面	212
图 138	六舟《周伯山豆》轴	214
图 139	吴湖帆题跋《盂鼎》全形图轴	217

前言

一

  2013年末，笔者应上海博物馆教育部之邀，就大盂鼎及其拓本做讲座。大盂鼎是西周康王时期的青铜重器，于19世纪20年代，在陕西岐山县礼村出土[1]。鼎高101.9厘米，口径77.8厘米，重153.5公斤，并铸有291字的长篇铭文[2]。20世纪50年代初，原藏者潘祖荫的后裔潘达于老人将大盂鼎和大克鼎一并捐赠国家，（图1、图2）两件国宝均入藏上海博物馆。（图3—图8）与大盂鼎同时出土的还有一件器主也是"盂"的青铜鼎，当时都称作"盂鼎"；这件盂鼎被其持有者携回老家安徽宣城深藏，秘不示人。却不料19世纪50年代至60年代的太平天国战乱，宣城地区惨遭重创[3]。从此以后，这件盂鼎就再无消息，在它出土30年后再次湮没，只有一张铭文拓本流传于世，原物恐怕是永久地湮没了。这件盂鼎没有留下明确的体量和尺寸记载[4]，虽然有不同的说法，但后来学术界一般

图1　潘达于像

图2　文化部给潘达于的褒奖状

图 3　大盂鼎正面

图 4　大盂鼎背面

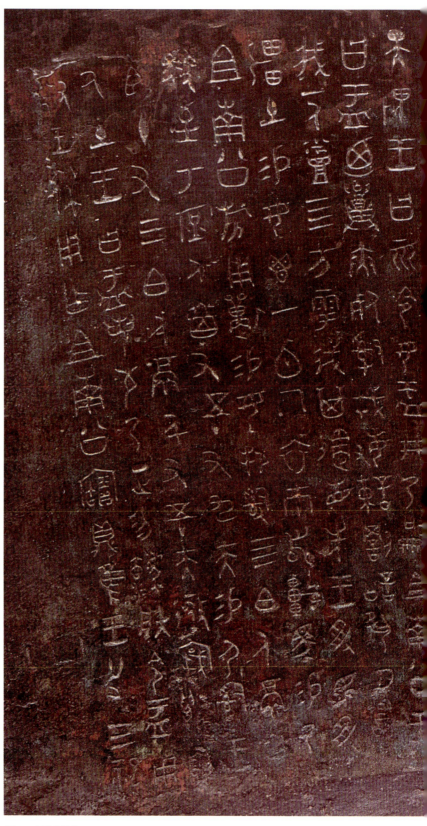

图5 大盂鼎铭文

图 6　大克鼎正面

图7　大克鼎背面

图 8　大克鼎铭文

认为较现存的盂鼎小,所以称那件佚失的盂鼎为"小盂鼎",称现存的为"大盂鼎"。

大盂鼎出土不久即有拓本流传,于是大盂鼎出土的消息不胫而走。一直到19世纪下半叶,大盂鼎及其铭文,始终是金石学界关注的热点。当时人及后来者均对之做出了极高的评价。当时陈介祺就说大盂鼎"真三千年来之至宝,成康以后之人恐即不得见,况秦汉乎,况宋以后乎?今人何如是之幸!斯器又何为而出?殆天之为矣,宜有以副之,勿徒作古文字观,作宝玩已亵矣"[5];"此等物秦以后所未出,是真本古文《尚书》,智鼎、散氏盘皆不逮,文字是学于文王周公者所为,非它可比,前乎此则文简,后则文不逮此矣。"[6] 20世纪50年代的陈梦家写道:"所见铜器中的重器,此鼎应为第一瑰宝。铭文之长虽不及毛公鼎,但内容更为重要而形制厚重雄伟。此器重量不及殷代的司母戊方鼎和大克鼎,而制作精于后者。制作、铭文和体量又都超过虢季子白盘。"[7] 由于学界重视,所以至今世传的大盂鼎拓本很多,包括铭文拓本以及技艺和操作要求更特殊的"全形拓"。这些拓本的流传、优劣,以及各自的特点如何?由于重视和鉴赏传统,这些拓本大都有着各时期学者文人所作的铭文释文、考释和题跋。除了书艺以外,这些题跋文字又包涵着很多重要的研究线索。至于全形拓,由于大盂鼎的体量巨大,拓本宏阔,既要有很高的技艺,又要求细致严谨,所以对于技法乃至它的施拓者,就又具有了很大的研究空间。

2014年初,笔者在关于大盂鼎拓本讲座的基础上整理成文,主要选取了上海博物馆馆藏的大盂鼎五种旧拓本展开,题目为"上海博物馆藏盂鼎旧拓五种及讨论",刊登在《考古学报》2015年第二期。这次丛书的编辑,希望笔者就此编著为其中的一本。但是在该文的成文过程中及以后,又新读到了一些材料,有与这五种旧拓相关的,或者加入了附注,或者没有涉及。

特别是文章刊出后见到的有些材料，经过确认，已经影响到文中的个别推论和观点。如文中关于铭文"二白"本一节，根据陈介祺没有获得大盂鼎铭文精拓本，要求吴大澂手拓给予的信件来往，得出"三白"本的出现在光绪四年（1878）的推断，就必须修正。但是考虑到原作的完整性等原因，仍以原文章为主要构架，并没有作结构和观点的改动；在保留基本原貌的情况下，作为本书的"前篇"。新的材料和梳理另设篇章展开，如对另见的大盂鼎全形拓本的分析，可以看出于此认识的进程。此外，本书专门就涉及全形拓技艺发展的一些分析，结合近来发现的新材料，作相应的展开。如早期全形拓及其评析，再如有关大盂鼎的重要人物吴大澂及其所藏器物的全形拓本等，另成一篇，作为本书的"再篇"。

二

中国古代青铜器是中国青铜时代特有的文化产物，以礼器的形式存在于政治生活和意识形态中，具有特殊的符号意义，并为历代的统治阶层和士大夫所重视。在青铜时代，青铜器除了铸造以外，也存在再分配等流动的问题。汉代以后，青铜器已从政治生活中逐渐退出，但是对于青铜器的重视并未减弱，比如其花纹样式、铭文内容等等，一直是重要的文化和学术课题。在赵宋时代，这种重视又达到了政治的高度，相应的信息传播，也愈发重要起来。于是就有了后来十分兴盛的青铜器铭文传拓和图像描绘，到清代又新兴起青铜器的器形传拓，构成了完整意义上的"金石学"。

春秋末年，齐国攻打鲁国，索要一件青铜鼎，是那时候很有名的"谗鼎"。《左传》昭公三年曾有记载，晋国大夫叔向与齐国大夫晏婴议论大国之末世时，就引用过"谗鼎之铭"。但是鲁国国君实在不愿意交出谗鼎，就做了一个假的逸鼎给齐国。齐国不信，认为是假的，但鲁国人坚持是真的，齐国就让鲁国人乐正子春出面作证。鲁君于是请来乐正子春，想让他帮忙。但是乐正子春却不愿意作证，他对鲁君说：你为什么不把真的给齐国？你宝爱你的鼎，但是我也爱我的信誉！《韩非子》《吕氏春秋》等古籍都记载了这件事情。[8] 要仿造一件青铜器，造型和纹饰可以依样画瓢，但是器腹里面的铭文要做得像，是有难度的。今天也是如此。最接近原件的方法就是用传拓，根据拓本复制。虽然有研究者将印章使用和传拓的产生联系起来，但先秦时期是不可能有传拓的。印章发明比较早，用于陶器上压制花纹的陶拍，可能就是印章的前身。模印法制作青铜器纹饰，就是在青铜器的泥范上，用印模反复连续地按压相同的花纹，使其组成带状或成片纹饰的工艺，在春秋时期也已经产生。但是后来所谓的传拓工艺，最关键的两项条件，除了墨早已有之外，纸的出现要晚得多。

　　公元1世纪末，造纸工艺成熟，公元105年（东汉和帝元兴元年），蔡伦"奏上之"，从此纸张能够大量投入生产和使用。公元175年（东汉灵帝熹平四年），汉灵帝下令，将由蔡邕等人定本的《诗》《书》《易》《礼》等儒家七经，镌刻在石碑上，史称《熹平石经》。刻石经的碑每块连碑额、碑座总3米多高，1米多宽，共46块，历时8年而成，立于当时洛阳城开阳门外的太学。《后汉书·蔡邕传》记载，石经始立，"于是后儒晚学，咸取正焉"；"其观视及摹写者，车乘日千余辆，填塞街陌"。因为朝廷立经学博士，经书的文本很重要，所以读书人都要去抄录，或据以校正手中的本子。旺盛的需求，一定会催生新的供给。不过这时候纸张或许还未普及。从《熹平石经》石碑文字的排列来看，约180厘米纵列的高度，90余厘米的宽度，在当时也给传拓带来了困难。史籍有记载的最早拓本，是三国魏正始年间刻的石经拓本。这部石经在魏末就有损毁，但《隋书·经籍志》记载唐贞观初年,"其相承传拓之本,犹在秘府"。恐怕也只有宫廷档案,才有这样的能力和文献意识。

青铜器的传拓,最早也只是铭文的传拓。文献意识及其传播的需要,是中国传统文化相关技艺发展的重要动力。至晚在宋代就开始了青铜器铭文的传拓。宋代在结束五代十国的割据动荡以后,亟需重塑礼乐和经典。这样,象征三代礼乐经典的礼器及其铭文等,就成了自上而下倡导的模范样本,收藏、传播、复制、仿造及供奉,形成了时代的风潮。这就是宋代金石学蓬勃兴盛的原因。宋代编了不少青铜器著录书,其中大多已经佚失了。但是从当时人的记述和现存著录中,可以了解宋代青铜器拓本的情况。

宋翟耆年《籀史》记载有《胡俛古器图一卷》:"皇祐初,仁宗皇帝召宰执观书太清楼,因阅群国所上三代旧器,命模款以赐近臣……熙宁戊申岁(宋神宗熙宁元年,1068),司封员外郎知和州胡俛公谨取所赐器款五铭镵石传世。""模款"也可能是用笔摹写铭文。但是《籀史》在记载《皇祐三馆古器图》时称:"皇祐三年(1051),诏出秘阁及太常所藏三代钟鼎器,付修太乐所参较齐量。又诏墨器款以赐宰执,丞相平阳公(文彦博)命承奉郎知国子监书学杨元明南仲释其文。"杨南仲所撰《皇祐三馆古器图》已经失传。"墨器款"应该就是墨拓铭文,即后世所谓的"墨本",也就是传拓本。宋代青铜器铭文传拓,已经普遍采用。如嘉庆时阮元曾收得"宋拓钟鼎款识,原册计三十叶,宋复斋王氏所集,计五十九器",于是专门请名工周良摹刻,刊印成《宋王复斋钟鼎款识》一书,扉页有篆书题名"钟鼎款识"。因为据宋人王厚之拓本集摹刻,所以也被称作"《王厚之钟鼎款识》"或"《王复斋钟鼎款识》"。(图9)

虽然刊刻本都是将原墨拓本或摹写本摹刻到木版或石版上,再刷印成书,但是刻印成的书,其铭文的形式会有不同:一种是摹的墨拓本,还有

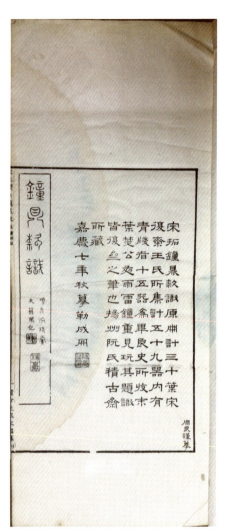

图 9　阮元刻《王复斋钟鼎款识》封面、扉页

一种是笔描摹本。今存宋代铭文著录书，如王俅《啸堂集古录》、薛尚功《历代钟鼎彝器款识法帖》，均是摹写铭文的形式；而包括器形图及铭文等相关内容的，如吕大临《考古图》、王黼《宣和博古图》以及赵九成《续考古图》等，铭文均基本为摹刻墨拓本的形式。宋代著录的青铜器，绝大多数已不可见了，所以那些著录书，在今天仍然是宝贵的研究和参考资料。如果摹刻的水平高、要求严谨的话，来源于墨拓本的，较之描摹本，所提供的铭文原貌更准确，信息也丰富得多。以宋代湖北嘉鱼县太平湖出土的

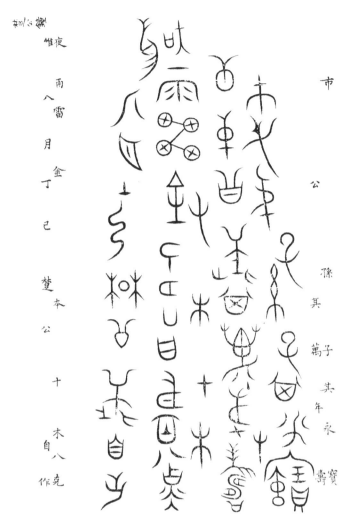

图 10 《历代钟鼎彝器款识法帖》楚公钟铭文（影印崇祯刻本）

"楚公逆钟"为例，这是一件非常有名的青铜器，宋欧阳修《金石录》作了记录和研究，薛尚功《历代钟鼎彝器款识法帖》卷六还摹录了铭文，称"楚钟"或"楚公钟"。（图10）但是阮元据王厚之《钟鼎款识》拓本摹刻，不仅比摹本准确，而且提供了摹本所没有的相关信息。（图11）结合1993年在山西曲沃北赵村晋国墓地发掘出土的楚公逆编钟，不仅证实了阮元确实据宋代原拓摹刻，而且纠正了原来因锈迹掩盖及误剔、裂隙等因素所造成的铭文误释。比如纠正了曾定名"镈"，比如较为顺畅地释读残存

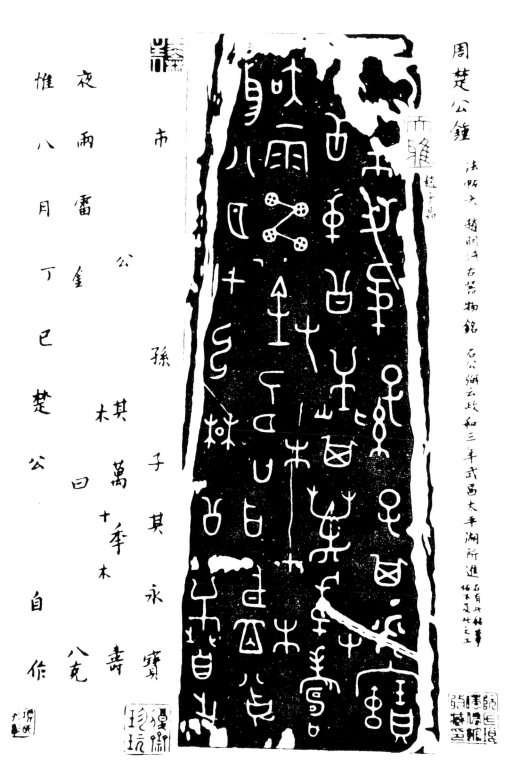

图 11 《王复斋钟鼎款识》楚公钟铭文

图 12　罗振玉藏伪楚公钟铭文拓本　　　图 13　罗振玉藏伪楚公钟全形拓

铭文,以及明确地对后仿伪作的辨正等。[13]（图12、图13）

　　根据现有资料,青铜器的全形拓始见于清乾嘉年间。据传乾隆年间扬州小玲珑山馆即有藏器全形拓本,为嘉兴人马起凤所拓,其中有散氏盘等。[14]《金石屑》摹刻了马氏所作的汉洗全形拓,并嘉庆初年的跋。（图14）今天所知早期制作青铜器全形拓者最为著名的是六舟。六舟名达受,俗姓姚,生于乾隆五十六年,卒于咸丰八年(1791—1858)。他自述"壮岁行脚所至,穷山邃谷之中,遇有摩崖,必躬自拓之,或于鉴赏之家得见钟鼎彝器,亦必拓其全形"。[15]传说他"以灯取形"来勾画器物的外形,力求准确。现存有纪年的最早的六舟青铜器全形拓作于道光中期。

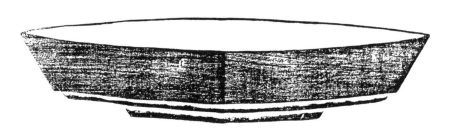

图 14 《金石屑》汉洗图

从六舟的全形拓实物分析，可以知道他采用的技法多样，有绘图刻版拓制的，还有用捶拓铭文纹饰等部位、以墨扑表现器身的制作方法，以及用原器捶拓和毛笔补绘，亦即"颖拓"的方法。"颖拓"一般用于指称整幅全形都用笔墨皴画而成，所以有率直者就直接自称"皴法画博古图"，干脆就不用"拓"字了。镇江丹徒画家管琳，曾做过端方的幕客，辛亥年（1911）画过一幅铜器博古图，在1915年的巴拿马万国博览会上获得了优胜奖，他在卷轴的外签上自题："中国古今第一，江苏丹徒管琳始创皴法画博古图。" 所以，就全形拓本的局部来说，"颖拓"也可以是指用毛笔拟"拓"的效果，来弥补捶拓的不足或无法完成的细节。"墨扑"和笔补，都是全形拓的一种修弥方法，是在平面的拓品上，试图表现立体器物斜侧面或圆弧时的必需手段。正如容庚所说：

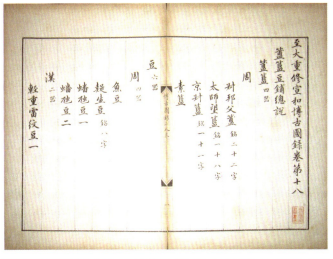

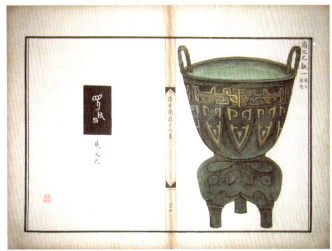

图 15 写绘本《博古图》文字及彩图

全形拓本之长处,在能依原器之大小,使形状花纹展现于纸上……惟由圆径变为平面,花纹止能截取当中一段,两旁不能拓出。方形之器,正面花纹,可以相合,惟不宜拓其侧面,以绘图侧面斜方,而原器侧面仍是正方,花纹无法易方为斜也。[18]

这是我们在认识全形拓时必须清醒知道的。再上佳的全形拓也只是"原拓"和"全形"之间的平衡,而不是照相。

六舟还喜欢将青铜器全形拓与绘画结合起来,表现文人雅趣和画面美感,成就了博古花供的艺术样式。随着清代金石学在道光咸丰时期进入鼎盛阶段,青铜器全形拓技艺于同治光绪年间成熟。金石藏家和研究者纷纷介入，追求准确、精细，拓本的学术要求突出地显现出来。以陈介祺为代表，不仅亲自捶拓，而且予以论述总结。陈介祺的《传古别录》就是一本论剔字、拓铭文、拓图形，及其他注意事项的专著。

综观青铜器全形拓的历史，绘图刻版拓本是一种重要的形式。其步骤是先画（后期有用照相放大）成器物图形，再予以加工刻版，最后在版上拓出。这种做法可能就是早期全形拓的一种。自宋代《考古图》《博古图》开启了"传摹图写"的传统，著录书以绘图的方式传达器物的形体和纹饰信息，还采用了彩绘图像的形式。元代陆友仁《研北杂志》卷下记载：

京师人家有《绍兴稽古录》二十册，盖当时所藏三代古器，各图其物，以五采（彩）饰之，又摸（摹）其款识而考订之，如《宣和博古图》而加详。[19]

只是由于刻版印刷的缘故，印本呈现了线图样式，图形按版面缩小。《宣和博古图》没有宋本流传下来。现存最早的是元代《至大重修宣和博古图录》，图像用线图，文字用元代通行的"赵体"。上海博物馆藏有一卷（册）明代的写绘本《至大重修宣和博古图录》，图像彩绘。（图15）

"传摹图写"的目的在于尽可能全面地记录器物的信息，可以弥补文字描写器形、纹饰的不足。当不具备在器物上进行原拓的能力或条件的情况下，参照相对平面的铭文传拓做法，绘出原器图形纹饰刻版，或者按样板摹刻传拓的作法，就自然会产生出来。其进步在于按原大小尺寸制作，表现立体感而更显写实。这种作法是为当时学术界所认可的。六舟在道光十四年（1834）作了一件题作"焦山周鼎款识"的全形图，自题为"拓片"，就是绘图刻版后再拓的。阮元跋曰：

焦山周鼎，余三见之矣。此图所摩（摹）丝毫不差。细审之，盖六舟僧画图刻木而印成鼎形，又以此纸折小之以拓其有铭处乎？再细审之，并铭亦是木刻。所拓篆迹浑成，几于无别，真佳刻也。阮元识此鼎图大小不爽，余曾手摭之，力不能胜也。[20]

赞其制作"所拓篆迹浑成，几于无别，真佳刻也"。可见能够准确地记录器物信息，在当时仍然是硬道理。一直到清末的刘世珩仍评价说："六舟摹拓之精，能肖古物之真面目。"[21] 在全形拓发展的早期，能够"肖形"是真本事，这是六舟之所以声名鹊起的根本。吴大澂在同治十三年（1874）正月五日给陈介祺的信中论及著录铜器的作图之法：

谓绘图有二法：一仿《博古》《考古》，除雷文细笔用单线外，其余不论四凸，皆用双钩；一照全形拓本依器绘图。近有刻板代拓印成挂幅者，仿此为之，亦是一格。[22]

所谓"刻板代拓印成挂幅者"，就是指照全形拓"绘图刻版拓"或"按样摹刻拓"的做法来刻版印刷，反映了当时这种做法的通行。

我们对于早期全形拓的材料还了解得太少。比如前述马起凤的汉洗拓本是否也是绘图刻版拓，没有原件，靠《金石屑》刊刻本的图像是无法认定的。又比如早在嘉庆年间就有了"剪纸分拓粘合成图"的全形拓，不久又有了依样摹而刻石的拓本，我们只是还没有见着。[23] 从历史和发展的角度看全形拓，而非仅以今天的眼光和要求来认识，才会对全形拓有一个比较客观的定位。倘若有新材料的发现，我们的认识就需要作出相应的调整。

随着全形拓技术的进步，伴随着人们对精拓的追求，绘图刻版拓或按样摹刻拓的做法，逐渐被"就原器拓出"的要求所取代。[24] 但是精拓是要有各种条件的，面对相对旺盛的需求，刻版及翻刻拓就仍然有其存在的价值。由于没有在原器上捶拓的条件或能力，或者为了更方便地"生产"拓本，时人以制作成功的拓本为底本，摹刻成版，再行拓制；或者为了追求更准确的造型，采用照相放大再绘图加工刻版，做成拓本等方法。所以实际情况是，绘图刻版拓和按样翻刻拓的作法一直存在，而且还常见。从道光初年张廷济藏器全形拓被人翻刻，到陈介祺的毛公鼎、潘祖荫的大盂鼎，以及吴大澂的"愙鼎"等，都有过绘图刻版拓或按样翻刻拓的全形图，并且有当事人自述的记载。[25] 青铜器铭文拓本的翻刻拓也不罕见。吴云于同治十二年（1872）给陈介祺的信中说：

> 两罍铭在腹内，极不易拓，曹氏一罍世间拓本尤少。弟因友人纷纷求索，曾刻有模本为塞责计。今特为执事精拓一分先奉鉴赏，其余各器铭容后拓出续寄……[26]

吴云得到阮元原藏的"齐侯罍"（洹子孟姜壶），以"抱罍室"为斋名，后来又得到苏州曹秋舫所藏的一件同铭的洹子孟姜壶，就改名为"两罍轩"，一时名声大噪，于是也有了被索要拓本的烦恼。

由于各种原因，绘图刻版拓及按样摹刻拓始终是一种存在，只要能传递信息，其主要目的就可算达成（还有为了"更准确"而照相刻版）。

在全形拓发展历史中，以整幅都是用毛笔皴绘的器物全形，称作"颖拓"全形。显然，这和从器物上或主要从器物上"拓"出来的作品，有着性质的不同。绘图刻版拓和颖拓，严格说起来都只能算是一种再加工或绘图技艺。就纪录器物的原始信息而言，无疑以直接上器的分拓拼接和整纸拓两种全形拓做法最具学术价值，是真正的拓本。分拓拼接法，以器耳、足、纹饰等分别上纸捶拓，然后按部位将各部份拓纸裁、拼为全形。整纸拓则以整张纸，按构画草图预留的部位，分耳、足、纹饰及器腹等部位按序上纸，多次捶拓，最后完成全形。虽然早在嘉庆年间，已知出现了"剪纸分拓粘合成图"的全形拓，道光前期又出现了整纸拓的青铜器全形图（详见本书"再篇"），但是实物留存很少，影响自然也就不广。可见全形拓的成熟和兴盛，确实完成于同治光绪时期。

清末民国所属的近代，青铜器全形拓技艺在周希丁等人的发展下，更注重透视和表现光照下器物的明暗变化。现代全形拓制作,还有参照器物照片,在细节上对照剪裁和笔墨修饰,追求拓本具有相片的效果。

可以说,在影像技术发达的今天,青铜器全形拓完成了它的历史使命。

注释:

〔1〕 清道光(1821-1850)前期。本书凡涉引清帝年号纪年或干支纪年,及所属月份均为农历。行文或注加的公历年份,只作大致对应。特别需要的准确换算另行注明。关于大盂鼎的时代,早期多定于西周成王,郭沫若据小盂鼎铭定于康王时期。关于出土地点,另说为"出土于眉县的可能性更大",见李朝远《大盂鼎证补二三例》所述及该文注24。上海博物馆:《人寿鼎盛——百岁寿星潘达于捐赠大盂鼎、大克鼎回顾特展》,上海博物馆,2004年,第42、43页。

〔2〕《人寿鼎盛——百岁寿星潘达于捐赠大盂鼎、大克鼎回顾特展》,第32页。

〔3〕 史载1853年(咸丰三年)太平军攻陷南京,1856年宣城首次被太平军攻克,至1864年(同治三年)被清军从太平军手中最终夺回,其间反复易手多次,可谓"血洗"。拉锯中又有"挖地三尺"(找粮食)之举。加之灾荒和瘟疫,宣城地区"黄茅白骨,或竟日不逢一人"。由于当地人口锐减,甚至宣城方言也从此由吴语而蜕变至江淮官话。

〔4〕 铭文字数较"大盂鼎"多近百字,从现存拓本看,包括残泐的"约390字"。《殷周金

文集成》2839，"说明"见（修订增补本）第二册第1682页，中华书局，2007年。

〔5〕 陈介祺：《簠斋尺牍》，"光绪元年正月十一日夜"致潘祖荫信，商务印书馆，1919年。

〔6〕 陈介祺：《簠斋尺牍》，"同治十三年甲戌二月十三日"致鲍康信，商务印书馆，1919年。

〔7〕 陈梦家：《西周铜器断代》，中华书局，2004年，第101页。

〔8〕 《韩非子·说林下》："齐伐鲁，索谗鼎，鲁以其雁（赝）往。齐人曰：雁（赝）也。鲁人曰：真也。齐曰：使乐正子春来，吾将听子。鲁君请乐正子春。乐正子春曰：胡不以其真往也？君曰：我爱之。答曰：臣亦爱臣之信。"《吕氏春秋》《新序》作"岑鼎"，恐是音转的缘故。

〔9〕 关于"拓"与"搨"之辨。早期传拓只见用"拓"。《集韵·合韵》"搨，摹也"，唐宋因"摹搨"字画才多见"搨"字，后来"拓""搨"二字出现混用。本书除引文按原用字外，均用"拓"。其实僧达受（六舟）就有意予以区别："搨"用于依原样描摹，"拓"即指"传拓"。参见王屹峰：《古砖花供：全形拓艺术及其与六舟之关联》一文的相关引述，《中国国家博物馆馆刊》，2015年第3期，第113页。

〔10〕 《四库全书》，上海古籍出版社影印本，1987年，681册，第436页。

〔11〕 《四库全书》，上海古籍出版社影印本，1987年，681册，第435页。

〔12〕 《宋王复斋钟鼎款识》阮元自序。

〔13〕 如李学勤《试论楚公逆编钟》一文论定此器为钟，指出铭文"镈"是阮元的误释，不仅肯定了高至喜指出"拓本"显示的边框证明铭文"是在钲间"，而且拓本的痕迹还显示出"钲间与篆间界线的联接处"。（载《文物》1995年第2期）又如孙稚雏和李零均据罗振玉《梦鄩草堂吉金图》所载罗氏1915年所购藏的"楚公钟"的器形拓本，认为是用"一商代大铙"仿刻铭文的伪作。（孙稚雏《三代吉金文存》中华书局1983年印本附著；李零《楚公逆钟》，《江汉考古》1983年第2期。）

〔14〕 史树青与傅大卣合著的《冰社小记》有此说。史树青：《书画鉴真》，北京燕山出版社，1996年，第403页。

[15]　《宝素室金石书画编年录》自序。《石刻史料新编》第四辑（十），新文丰出版公司，2006年，第359页。

[16]　参见王屹峰：《古砖花供：全形拓艺术及其与六舟之关联》，《中国国家博物馆馆刊》2015年第三期。六舟运用"颖拓"相当纯熟，见"再篇"的相关章节。

[17]　见仲威：《纸上金石——小品善拓过眼录》，下册，文物出版社，2017年，第222页。

[18]　容庚：《商周彝器通考》，上海人民出版社重排本，2008年，第147页。

[19]　陆友仁：《研北杂志》，《四库全书》866册，上海古籍出版社，1987年，第592页。

[20]　朵云轩1998年秋拍575号，图像及跋文见本书图43。

[21]　牛震运集说、刘世珩重编：《金石图说》卷二"焦山无专鼎""世珩按"，《石刻史料新编》第二辑（二），新文丰出版公司，1979年，第888页。

[22]　谢国桢编：《吴愙斋尺牍》，商务印书馆，1938年影印本。此本按时序，未署页。本书吴札非另注者同此，不再出注。

[23]　见本书"再篇"关于张廷济清仪阁藏器拓本的章节。

[24]　许瀚在道光二十六年看到六舟作的一些全形拓后所做的评论。见其《攀古小庐杂著》卷十二"六舟手拓彝器全图"条，《续修四库全书》1160册，上海古籍出版社，2002年，第805页。事实上，如前所述，全部在原器上拓成，又要体现立体，大多是不可能办到的。

[25]　参见本书"再篇"的相关章节。

[26]　吴云：《两罍轩尺牍》，见《近代中国史料丛刊》第1辑，文海出版社，1966年，第638页。

前 篇

第一节　上海博物馆藏大盂鼎旧拓五种

上海博物馆藏大盂鼎旧拓中，有如下五种，都是立轴：（图16）

编号8594，签题："南宫盂鼎"；

编号8595，签题："盂鼎拓本"；

编号9716，签题："周盂鼎全形　三百未剔初揭本"；

编号9724，签题："盂鼎铭旧拓本　文中二百囗未剔作三百人　风雨楼藏本，里堂题"；

编号9725，签题："南公鼎拓本　耦园藏"。

其中8594号和8595号，按馆藏记录为："1979年12月购自吴湖帆"，另三种来源未详。下面分别介绍。

（一）8594轴（图17）

题签："南宫盂鼎"，据本轴的收藏、重装及书法，应为吴湖帆所书。据吴湖帆跋，本轴于1937年重新装裱。天头上首黏有内签："盂鼎"，钤"吴大澂""清卿"白文印，应该是吴大澂所题署的原签，与他自己写刻的《恒轩所见所藏吉金录》"盂鼎"的题名相同。（图18）重装后移置于此处。

内芯横45厘米，竖98厘米。中间为大盂鼎铭文拓本，上下为吴大澂篆书的两段考释。上段考释释文如下：（图19）

是鼎于道光初年出郿县礼村沟岸中，为岐山令周雨樵所得，旋归岐山宋氏。同治间项城袁小午侍郎以七百金购获之。今归吾乡潘伯寅师。癸酉冬大澂视学关中，袁公出示是鼎。高约四尺余，口径约三尺余，重约七百余斤，大可容四石，为文十九行，行十五字。以文义绎之，当系成王时物，南公之孙盂所作。首曰惟九月，末曰惟王廿又三祀，当成王

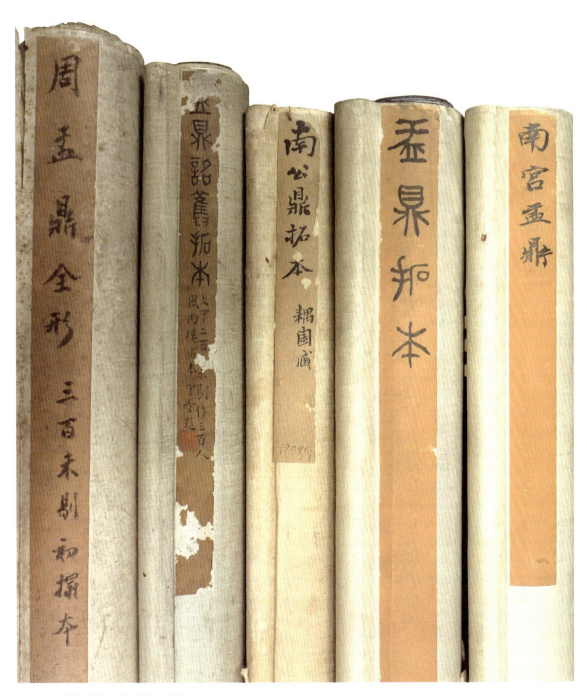

图 16　上海博物馆藏大盂鼎拓本轴五种

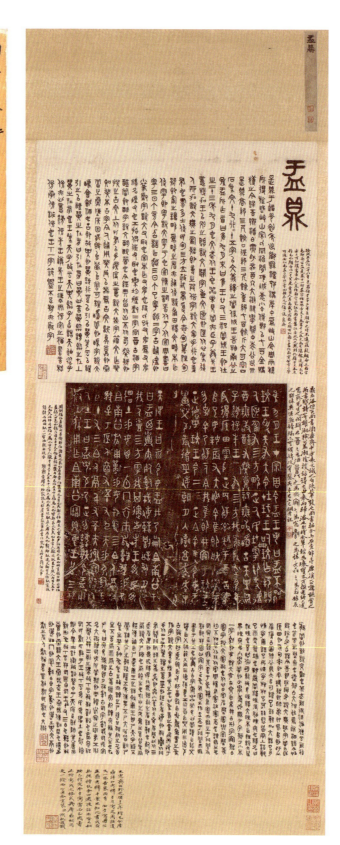

图 17　8594 拓本轴及题签

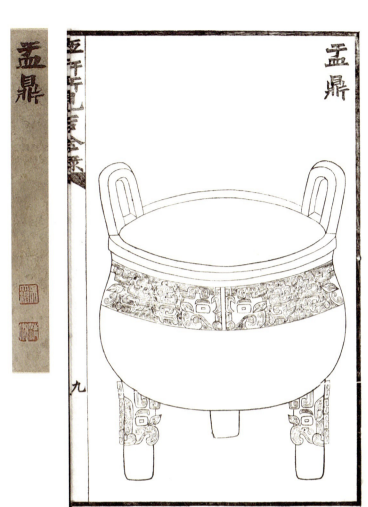

图 18　8594 原签及《恒轩所见所藏吉金录》盂鼎图

即位之二十三年九月也。"文""武"从王,它器未见,当亦臣子尊先王意,特加"王"以别之。闢,《说文》"闢"字重文。匫即"匦",从心,为后人所加,《说文》无之。"匍"疑即"尃"之假借字。《说文》:匍,手行也;尃,布也。《书·多士》:俊民甸四方;《立政》:式商受命,奄甸万姓。"甸"疑即"匍"之讹。"畯"为"畯"之省,亦通"俊"。《诗·甫田》释文:"畯",本作"俊"。雩即"粤",《说文》:粤,亏也,审慎之词者,从亏从宷。《周书》曰:粤三日丁亥。今《召诰》作"越三日丁巳","粤""越"二字古通。叡即小篆"叡"字,《说文》:又取也,宋本作"又卑也",段氏改"又卑"为"叉卑"。《释名》:摣,叉也,五指俱往叉取也。《集均》"摣""叡"二字同。酉,古"酒"字。醺,当即"酗"字。《说文》:酗,醉营也。今经典皆从凶,不从句。

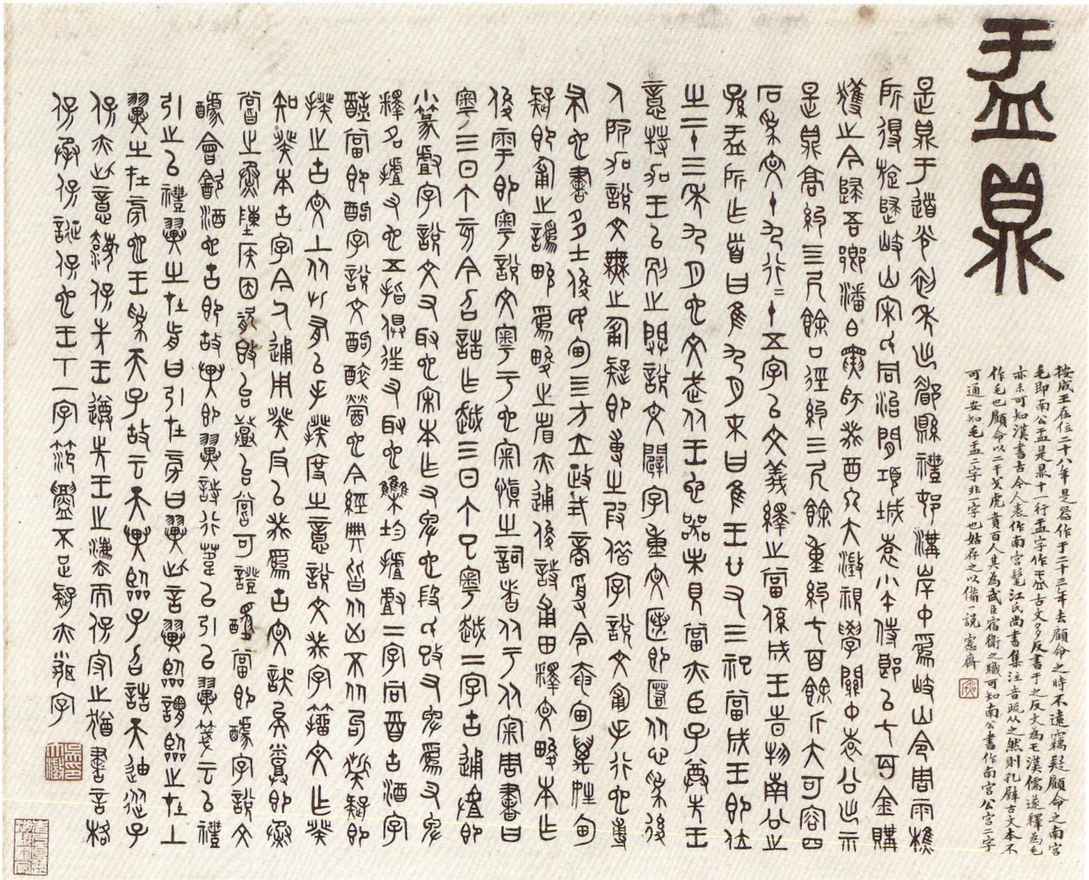

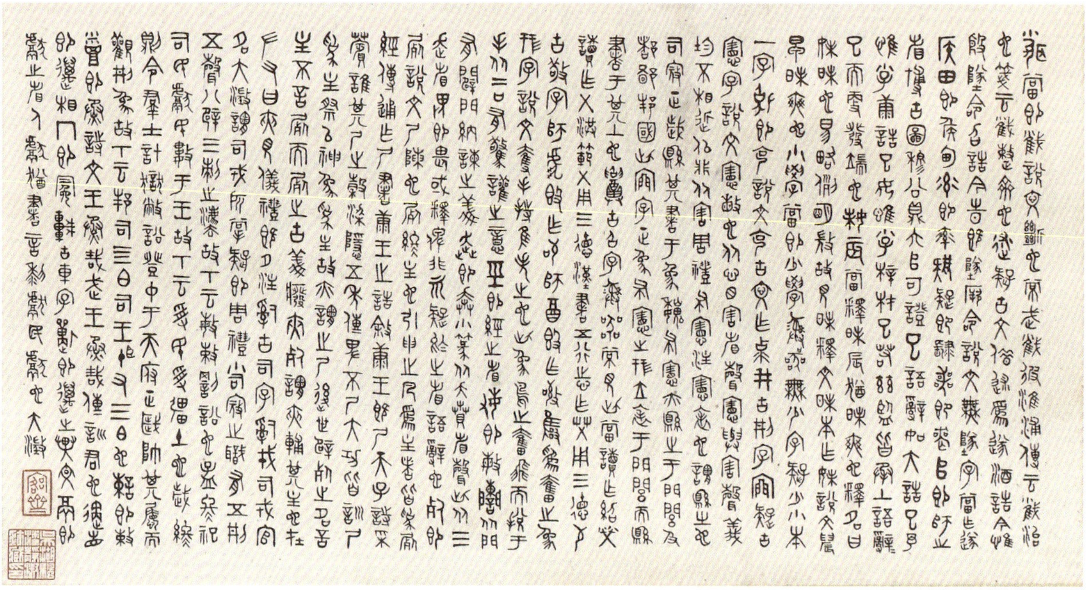

图 19　8594 吴大澂篆书考释两段

𣶒疑即"揆"之古文,上从𠂇,有以手揆度之意。《说文》𢆉字籀文作"癸",知"癸"本古字,今人通用"癸",反以𢆉为古文,误矣。蒸即"烝尝"之"烝"。陈侯因𩦉敦"以蒸以尝"可证。䢔当即醵字。《说文》:醵,会饮酒也。"古"即"故"。𢀖即"翼"。《诗·行苇》"以引以翼",《笺》云:以礼引之,以礼翼之;在前曰引,在旁曰翼。此言"翼临",谓临之在上,翼之在旁也。王为天子,故云"天翼临子"。《召诰》"天迪从子保"亦此意。"法保先王",遵先王之法而保守之。犹《书》言"格保""承保""诞保"也。"王"下一字范铸不足,疑亦𢀖字。

下段紧接上文:

𢦏当即"截",《说文》:断也。《常武》"截彼淮浦",《传》云:截,治也。《笺》云:截,整齐也。𠂎疑古文借"述"为遂。《酒诰》"今惟殷坠命";《召诰》"今时既坠厥命"。《说文》无"坠"字,当作"遂"。𠩺田即"侯甸"。𢆶即"率"。𨳿疑即"肆"。𠦪即"丧"。𠂤即"师"之省,《博古图》穆公鼎"六𠂤"可证。已,语辞。如《大诰》"已,予惟小子";《康诰》"已,女惟小子";《梓材》"已,若兹监",皆承上语辞,辞已而更发端也。妹辰当释"昧辰",犹昧爽也。《释名》曰:妹,昧也。《易略例》:明散故见昧。《释文》:昧,本作妹。《说文》:晨,早昧爽也。小学,当即"少学"。彝器无"少"字,疑"少""小"本一字。𠧪即"克"。《说文》"克",古文作𠧪。井,古"型"字。𡇒,疑古"宪"字。《说文》:宪,敏也。从心、目,害省声。"宪"与"害"声义均不相近,似非从害。《周礼·布宪》注:宪,表也,谓悬之也。司寇正岁悬其书于象魏,布宪亦悬之于门闾及都鄙邦国。此𡇒字正象布宪之形,立表于门闾而悬书于其上也。𠃪,古"召"字,彝器常见。此当读作"绍"。𢆉读作"乂",《洪范》"乂用三德"，《汉书·五行志》作"艾用三德"。尸，古"敬"字，师虎毁作口，师酉毁作嘅。鼡为"奋"之象形字。《说文》：夺，手持隹失之也。此象鸟之奋飞而脱于手，从二口，有惊、欢之意。至，即"经"之省。卅即"敏"。闌从门，有闢门纳谏之义。态即"奔"，小篆从夭，賁省声，此从三走省。甲即"畏"，或释"俾"，非。氕，疑"乌"之省，语辞也。死，即"屍"。《説文》：尸，陈也；屍，终主也。引申之，凡为主者皆象屍，经传通作"尸"。《书·康王之诰》叙"康王既尸天子"；《诗·采苹》"谁其尸之"；《谷梁·隐五年传》"卑不尸大功"，皆训"尸"为"主"。祭以神象为主故，亦谓之尸。后世辟"死"之名，言"主"不言屍，而"屍"之古义废。"夹死"谓夹辅其主也。在左右曰"夹"，见《仪礼·既夕》注。"嗣"，古"司"字，"嗣戎"，司戎，官名。大澂谓：司戎所掌，疑即《周礼·小司寇》之职，有五刑、五声、八辟、三刺之法，故下云"敏敕罰讼"也；孟冬祀司民，献民数于王，故下云"受民受疆土"也；岁终则令群士计狱敝讼，登中于天府。正岁，帅其属而观刑象，故下云"邦司四伯""司王臣十又三伯"也。諫即"敕"。薑即"烝"。《诗》"文王烝哉""武王烝哉"，《传》训"君也"。德出，即"迈相"。冂即"冕"。輂，古"车"字。勤，即"迈"之异文。鬲，即"献"之省。人献，犹《书》言"黎献""民献"也。大澂。

为了方便对照，此处附上今人所释大盂鼎铭文。[1]（图20）

同治十二年癸酉（1873），吴大澂任陕甘学政，十月赴任。此轴所书的两段考释，应该是他关于大盂鼎考释的正本。他编著的《愙斋集古录》"盂鼎"考释，是另外的抄录本，也是篆文书写的。在书写本轴时，潘祖荫还健在。潘氏故于光绪十六年（1890），《愙斋集古录》吴大澂自序作于光绪二十二年（1896），该书的编成在后。所以书中将"今归吾乡潘伯寅师"

佳九月，王才宗周，令盂。王若曰：「盂，不顯
玟（文）王受天有（佑）大令。才（在）珷王嗣玟乍（作）邦，闢厥
匿（慝），匍（敷）有四方，畯正厥民。才（在）雩（于）卻（御）事，酨（敢）
酉（酒），無敢瞰（醜）。有鬃（髭）紮（蒸）祀無敢穰，古（故）天異（翼）臨
子，廢（法）保先王，□有四方。我聞殷述（墜）令，佳
殷邊侯田（甸）雩（與）殷正百辟，率肆于酉（酒），古（故）喪
自（師）巳！女（汝）妹（昧）辰（晨）有大服，余佳即朕小學，女（汝）
勿剋余乃辟一人。今我佳即井（型）宙于玟
王正德，若玟王令二三正。今余佳令女（汝）盂
謷（召）榮（榮）敬（敬）雝（雍）德巠（經）。敏朝夕入讕（諫），𦎧（享）奔走，畏
天畏（威）。」王曰：「而（俞）！令女（汝）盂井（型）乃嗣且（祖）南公。」王
曰：「盂，迺蠽（紹）夾死（尸）𨒒（司）戎，敏諫罰訟，凤（夙）夕
劭（召）我一人蚩（烝）四方，雩（于）我其遹省先王受民受
疆土。易女（汝）鬯一卣、冂、衣、巿、舄、車馬。易乃
且（祖）南公旂，用遘。易女（汝）邦嗣（司）四白（伯），人鬲自
馭至于庶人六百又五十又九夫。易（賜）屎（夷）嗣（司）王
臣十又三白（伯），人鬲千又五十夫。亟（極）𨓒（疐）遷（遷）自
氒（厥）土。」王曰：「盂，若苟（敬）乃正（政），勿灋（廢）朕令。」盂用
對王休，用乍（作）且（祖）南公寶鼎。佳王廿又三祀。

图 20　大盂鼎铭文拓片及释文

图 21　8594 吴大澂补考之一

改抄作"今归吾乡潘文勤公","文勤"是潘祖荫的谥号。其次,《愙斋集古录》抄录时,上段漏抄了第十五行的"嚇"字,下段漏抄了第十四行的"鄙"字。

袁保恒(1826—1878),字小午,号筱坞,项城人,袁世凯族叔。道光三十年(1850)进士,改庶吉士,授翰林院编修,曾任刑部侍郎。谙熟练武事宜,曾先后入李鸿章、左宗棠军20余年。

考释文上段末尾,钤"吴大澂印"白文印。下段结尾署名"大澂",钤盖"愙斋"长方朱文印。

除了两段篆书考释外,吴大澂还在铭文拓的左侧,以及铭拓上头"盂鼎"篆书题名下面的空白处,又作补考两段,楷书。"补考"不见于他处著录,释文如下。

补考之一(书于铭拓之左,见图21):

  周制称伯者,侯甸男卫邦伯,诸侯之长也;左右常伯,畿内之王臣也;大都小伯,都邑之官也;尹伯,有司之长也。此言锡汝邦司四伯,盖锡之四邑也。锡乃司王臣十又三伯,盖锡以畿内都邑,以王臣十三伯属之也,皆都邑之大夫也。上言"人献徒驭至于庶人六百又五十又九夫",此邦司四伯之属也;下言"人献千又五十夫",王臣十三伯之属也,不言"徒驭""庶人"者,省文也。鞣即"驭",《说文》:御,古文作"驭"。襄敦"徒騎"与此同。"驭"上一字泐,疑亦"徒"字。𨖫𥳑当释作"殛𥳑",《说文》引《虞书》:𥳑三苗。今书作"窜",即上所言罚讼之事。

末尾钤盖"愙斋集古"白文印。

补考之二(书于篆书题名之下,见图19):

  按成王在位二十八年,是器作于二十三年,去顾命之时不远,窃疑顾命之南宫毛即南公盂。是鼎十一行,"盂"字作盂,古文多反书,"于"

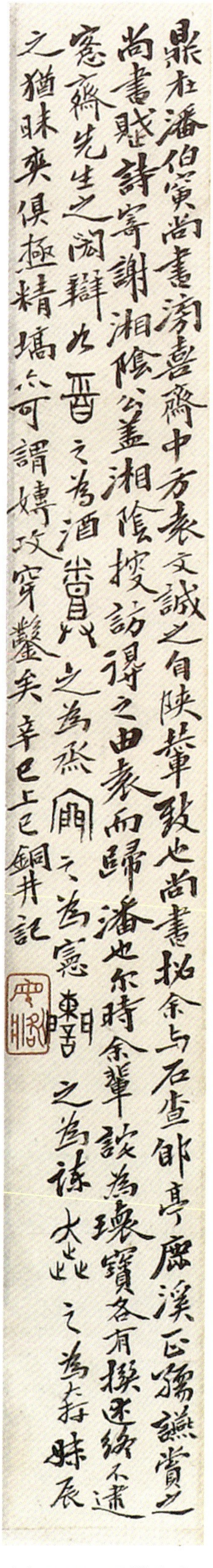

鼎在潘伯寅尚书滂喜斋中方表文诚之自陕辈致之尚书拓余与石查郎亭鹿溪正韵巽赏之尚书赋诗寄谢湘阴公盖湘阴搜访得之由表而归潘也尔时余辈谈为瑰宝各有摸述终不逮寰斋先生之阐释此𣦍之为酒尊代之为𪔂之为宪𣦍之为諫大此之为大拝妹辰之犹昧莫俱极精塙允可谓婷攻穿鑿矣辛巳上巳铜井记

图22 8594 顾肇熙跋

字反文为 毛，汉儒遂释为"毛"亦未可知。《汉书·古今人表》作南宫
髦，江氏《尚书集注音疏》从之，然则孔壁古文本不作"毛"也。《顾命》
以二千戈、虎贲百人，其为武臣宿卫之职可知，"南公"《书》作"南宫"，
"公""宫"二字可通，安知"毛""盂"二字非一字也。姑存之以备一说。
愙斋。

末尾钤"吴"朱文印。

铭文拓本的右侧，有署名"铜井"的题跋，释文如下：（图22）

> 鼎在潘伯寅尚书滂喜斋中。方袁文诚之自陕辇致也，尚书招余与石
> 查、郋亭、鹿溪、正孺燕赏之。尚书赋诗寄谢湘阴公，盖湘阴公搜访得之，
> 由袁而归潘也。尔时余辈诧为瑰宝，各有撰述，终不逮愙斋先生之闳辩，
> 如酉之为"酒"、丞之为"烝"、宀之为"宪"、嚪之为"谏"、奔之为
> "奔"、妹辰之犹"昧爽"，俱极精塙（确），亦可谓塼（专）攻穿凿矣。
> 辛巳上巳铜井记。

末尾钤"毋瘠"长方朱文印。

此跋题记于光绪七年（1881）上巳日，追记了潘祖荫初得大盂鼎时的
一次雅聚。从题跋的位置关系可以知道，此条题跋应该是在吴大澂篆书考
释之后，以及两条楷书补考之前。大盂鼎入京到潘氏手的时间在同治十三
年（1874）的十一月，详见后述。

此"铜井"为顾肇熙，乃吴大澂好友，与胡义赞（石查）、汪鸣銮（郋
亭）、严玉森（鹿溪）、王懿荣（正孺）等人，是潘祖荫等聚会雅集的常客。
顾肇熙（1841—1910），字睥民，号缉庭，江苏吴县（今苏州）人，同治
三年（1864）举人，曾任工部主事、吉林分巡道、陕西凤邠盐法道、按察
使衔台湾道、台湾布政使等。晚年归居木渎，优游林泉。顾氏光绪六年（1880）
随吴大澂同赴吉林屯垦，一直到光绪九年（1883）吴大澂离任。　此轴

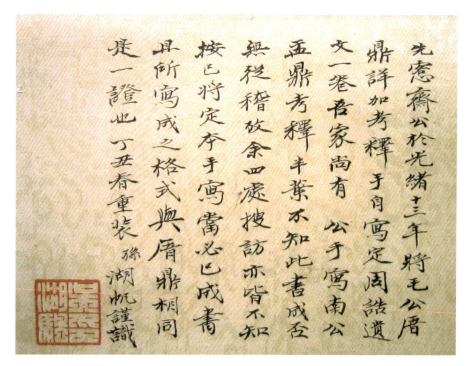

图 23　8594 吴湖帆跋

上的顾跋,以及吴氏两篇补考应该就是书写于这个时候。顾肇熙又号(字)铜井,退休后与吴大澂弟子、同为吉林同事又同为江苏同乡的王同愈交游频繁,又和吴大澂等游,有"同至邓尉探梅"之举,王同愈诗文中多有记载。

王同愈《栩缘随笔》:"乙未(光绪二十一年,1895)秋九,偕顾缉庭、康甫、子良,乘筍将游天平看枫叶……铜井(缉庭别号)袖出宋西陂手集同时名人酬简百余通,都为四卷,以示同人……铜井颇好收藏……皆为一时妙品。因忆庚寅春初,曾偕铜井、鞠常、咏春冒雨游林屋、石公诸胜,忽忽已阅六年矣。展玩张卷,爰题小诗六首于卷尾。"

又《栩缘日记》同年六月记:"二十九,铜井(缉庭别字)自香溪来。"《栩缘诗存》有《为铜井题石公山图卷(乙未)》,题记:"图为张茶农解元临石谷本,顾缉庭方伯藏。"

又《栩缘日记》丙申(光绪二十二年,1896)正月:"初八……偕退密访铜井。适吴愙斋师、江子山、顾茶村、徐翰卿、相文箎才自城来,约

图 24　8594 鉴藏章（部分）

明日同至邓尉探梅……"[4]

8594 轴的地头左侧绫上有吴湖帆的题跋，释文如下：（图 23）

> 先忞斋公于光绪十三年将毛公厝鼎详加考释，手自写定《周诰遗文》一卷，吾家尚有。公手写南公盂鼎考释半叶，不知此书成否，无从稽考，余四处搜访，亦皆不知。按已将定本手写，当必已成书，且所写成之格式与厝鼎相同，是一证也。丁丑春重装。孙湖帆谨识。[5]

末尾钤"吴湖帆印"白文印。光绪十三年，公元 1887 年；丁丑，为 1937 年。

8594 轴另外还钤盖有多枚鉴藏印，自上而下，自右而左共九枚，依次为：

"先人真迹湖帆嗣守"长方白文印、"吴湖帆珍藏印"长方朱文印、"潘静淑珍藏印"白文印、"吴万宝藏"朱文印、"罗振玉"白文印、"吴湖帆潘静淑珍藏印"白文印、"吴潘静淑"白文印、"吴万之印"白文印、"梅景书屋"朱文印。（图 24 列出部分）

（二）8595 轴（图 25）

题签："盂鼎拓本"，篆书，题者及时间不明。

内芯横 90 厘米，竖 197 厘米。上部为大盂鼎铭文拓本及王同愈抄录的吴大澂盂鼎考释，下部为大盂鼎全形拓，全形拓本鼎腹宽 86 厘米。

王同愈楷书抄录前 8594 号吴氏盂鼎考释于铭文拓上头。录 8594 轴吴氏补考两篇合并于铭文拓之右边。并作跋记，释文如下：（图 26）

图 25　8595 拓本轴及题签

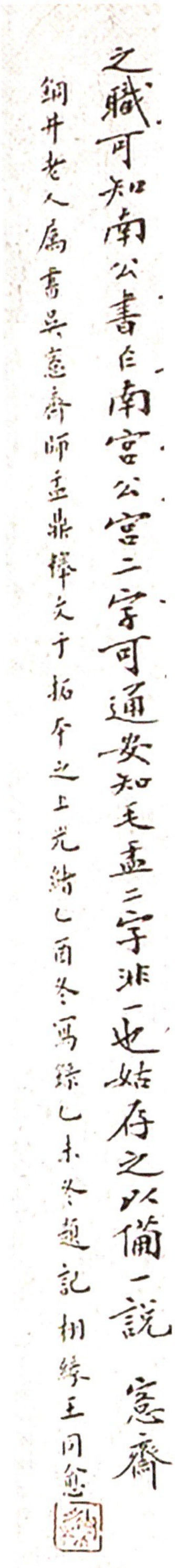

之职可知南公书曰南宫公宫二字可通安知毛盂二字非一也姑存之以备一说 憲齋
铜井老人属書吳憲齋師盂鼎释文于拓本之上光绪乙未冬寫録乙未冬題記 柳綠王同愈

图 26　8595 王同愈跋

图 27　8595 吴湖帆鉴藏章

铜井老人属书吴愙斋师盂鼎释文于拓本之上。光绪乙酉冬写录，乙未冬题记。栩缘王同愈。

钤"胜之"朱文印、"多见名山大川"白文印。光绪十一年乙酉，1885 年；二十一年乙未，1895 年。

王同愈（1856—1941），字文若，号胜之，别署栩缘。江苏元和人。初学天算格致，为李金镛幕客，又随李入吉林。光绪七年（1881），受吴大澂招以管理炮台。1885 年入举顺天乡试，1889 年授进士，改庶吉士，历任翰林院编修、顺天乡试同考官、湖北学政、江西提学使等。因一直追随吴大澂，成为吴氏弟子。1917 年主持编定并且刊发了吴大澂的《愙斋集古录》。[6]

8595 轴的鉴藏印仅见一枚"吴湖帆印"（白文），钤盖于全形拓鼎内铭文的左侧。（图 27）

（三）9716 轴（图 28）

题签："周盂鼎全形　三百未剔初揭本"，题者及时间不明。

内芯横 92.8 厘米，竖 179.5 厘米。上部为大盂鼎铭文拓，下部为大盂鼎全形拓，全形拓本鼎腹宽 86.3 厘米。

图28　9716 拓本轴及题签

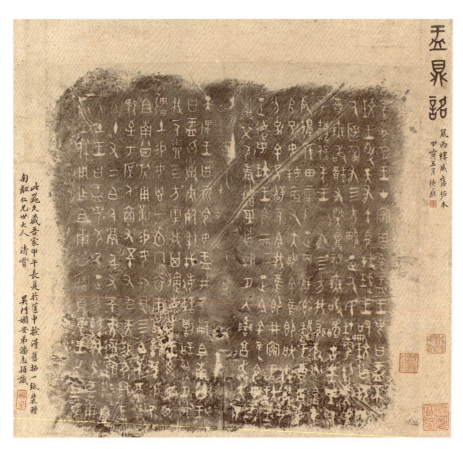

图 29　9724 拓本轴及题签

整件无题跋及鉴藏印。

（四）9724 轴（图 29）

题签："盂鼎铭旧拓本文 中二百囗 [人] 未剔作三百人 风雨楼藏本，里堂题"，为褚德彝所题，钤"彝"朱文印。题签"二百"后一字损缺，应是"人"字，拟补。

内芯横 47 厘米，竖 44 厘米。

铭文拓右上边有褚德彝题名和跋：（图 30）

　　盂鼎铭 风雨楼藏旧拓本，甲寅五月，德彝。

末钤"彝"朱文印。甲寅，1914 年。

铭文拓左下边有潘志颖题跋：（图 31）

　　此器久藏吾家。甲午长夏于箧中捡得旧拓一纸，装赠菊邻仁兄世大

图 30　9724 褚德彝题名及跋　　图 31　9724 潘志颖跋

图 32　9724 鉴藏章

人清赏。吴门懒安弟潘志颖识。

钤"懒安"长方朱文印。甲午，光绪二十年，1894 年。

本轴钤鉴藏印 3 枚：

"潘熙年读碑记"朱文印、"潘熙年"半朱半白印、"磊盦宝藏"朱文印。（图 32）

根据本轴的题跋、印鉴等，可以知道此件先由潘志颖赠予胡钁（匊邻），后又入藏风雨楼（邓实），其间或又经过张祖翼（磊盦）收藏。潘志颖，据潘达于裔孙潘裕达先生告："潘志颖，是本族子弟。生于咸丰元年，卒于光绪二十九年，是潘世恩堂兄次子潘希甫之后。辈份比潘祖荫小一辈"，"潘熙年即潘志颖之号"。咸丰元年，1851 年，光绪二十九年，1903 年。

（五）9725 轴（图 33）

题签："南公鼎拓本　耦园藏"，疑沈秉成（耦园）自题。沈秉成（1822—1895），字仲复，自号耦园主人，浙江归安（今湖州）人。咸丰六年（1856）进士，改庶吉士，授翰林院编修，官至广西巡按、安徽巡抚，署两江总督，藏书家。

内芯横 61 厘米，竖 127.5 厘米。

铭文拓本上头杨沂孙行书盂鼎考述一篇，释文如下：（图 34）

盂鼎铭十九行，行十五字，并书者六字，共二百九十一字。篆法有波折，隶楷之祖也。文武均从王旁，铭文中仅见。此殆成王命盂为酒正之官，故称殷以酒丧邦之戒。盖武王周公既命封，禁殷士之淫酗，成王又命盂讥畿内之醺丑也。南氏殆南宫适之后，周之八士，或以为南宫氏子也。宣王时南仲建武功，至南宫极佐子朝争国而震，可见世为重臣矣。道光丁未年，嘉定陈小莲示余拓本，云邑人周君令陕得此器。今吴清卿

图 33　9725 拓本轴及题签

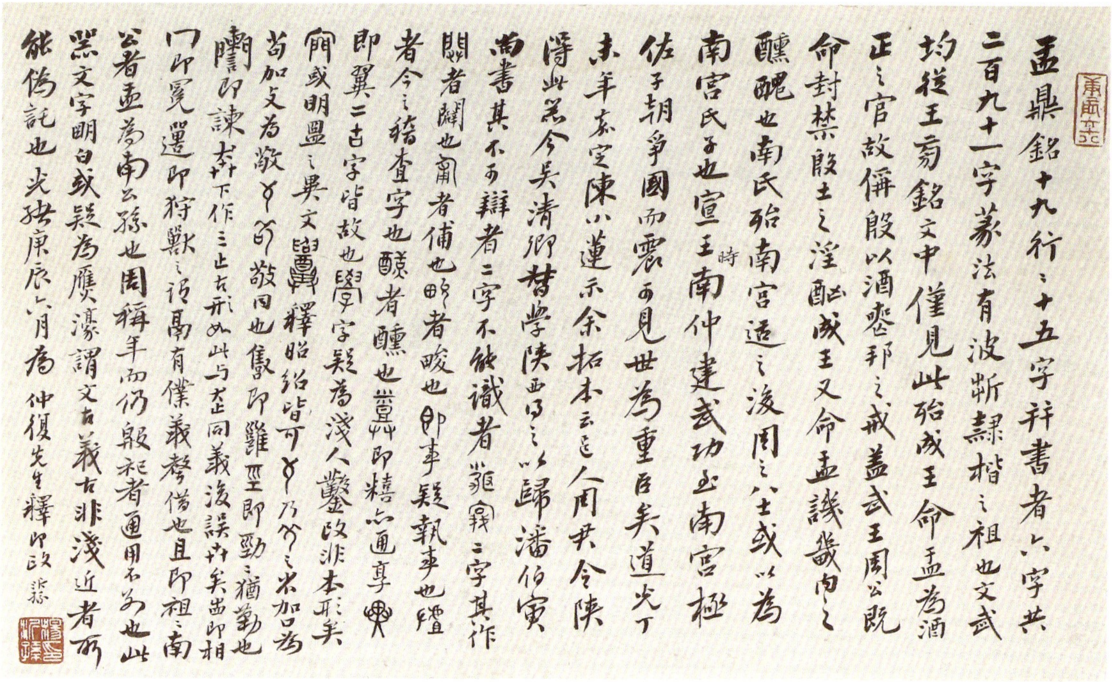

图34 9725 杨沂孙跋

督学陕西，得之以归潘伯寅尚书。其不可辨者二字，不能识者𫊻寅二字。其作𨳒者"辟"也，甫者"俌"也，䀛者"畯"也，即事疑"执事"也，䜌者今之稽查字也，醽者"醺"也。𩰾即"糟"，亦通"享"。𠦂即"翼"。二"古"字皆"故"也，"学"字疑为浅人凿改，非本形矣。𥄎或明盟之异文。䚋释"昭""绍"皆可，𠃍乃𠂉之省，加口为"苟"，加攵为"敬"，𠂉、苟、敬同也。隹即"雔"，巠即"劲"，劲犹"勤"也。𫾢即"谏"，𣎆下作三止，古形如此，御𣥂同义，后误弃矣。岀即相，冂即冕，𨔴即狩兽之谓，扃有仆义，声借也。且即"祖"，祖南公者，盂为南公孙也。周称年而仍殷祀者，通用不别也。此器文字明白，或疑为"赝"。濠谓：文古、义古，非浅近者所能伪托也。光绪庚辰六月为仲复先生释即政。

沂孙。

起首钤"庚辰六十八"长方朱文印，末尾钤"杨沂孙印"白文印。道光二十七年丁未，1847年；光绪六年庚辰，1880年。

铭文拓本下方杨沂孙楷书盂鼎释文，末署："右盂鼎铭文。濠史逸写"，钤"历劫不磨"朱文印。（图35）

铭文拓右左两侧有吴云跋，释文如下：（图36、图37）

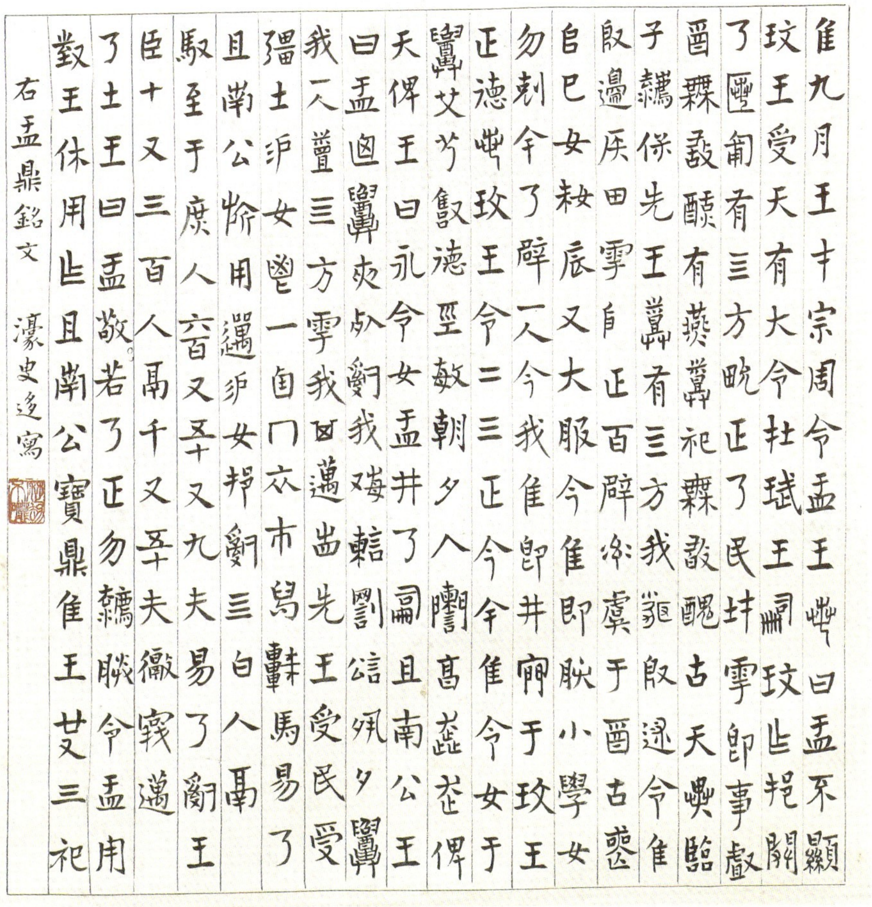

图 35　9725 杨沂孙释文

　　盂鼎久镇关中，为海内烜赫著名之器。乙亥夏潘伯寅尚书来书谓：左相蚤（早）许以此鼎为赠，迟久无耗，恐成虚诺。今竟辇至都门。天下玮宝，一旦入手，欣幸无已。因拓全形驰寄，属为考释。此五年前事也。今濠叟谓清卿督学陕甘得此鼎以贻伯寅，乃传闻之词也。铭中文武字皆从王，此为创见。按成王四年封康叔于卫，作酒诰，十九年丰侯坐酒亡国，至是廿三年，命盂嗣南公，谆谆以酗酒为诫，此所由作鼎以对扬王休也。铭字完好易识，余有拙说，以纸隘不录，他日当另书就。耦翁鉴家指正。
　　愉庭弟云题于娄东署斋，时庚辰季秋。

末钤"吴云愉庭"白文印、"庚辰政七十"朱文印。光绪六年庚辰，1880 年。

　　本轴鉴藏印仅 1 枚，钤于铭文拓右下角："沈"（白文）。

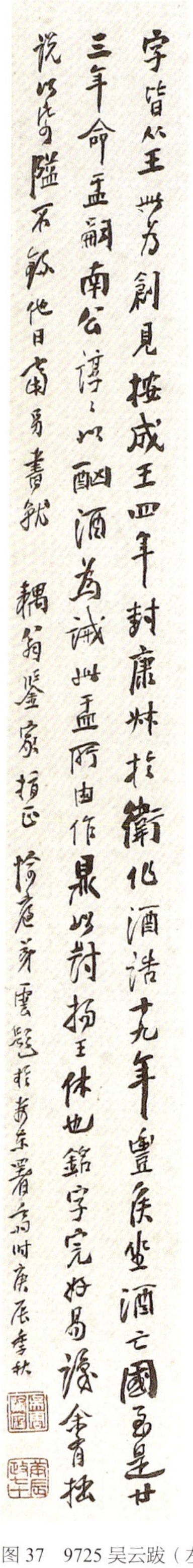

图 37　9725 吴云跋（左）

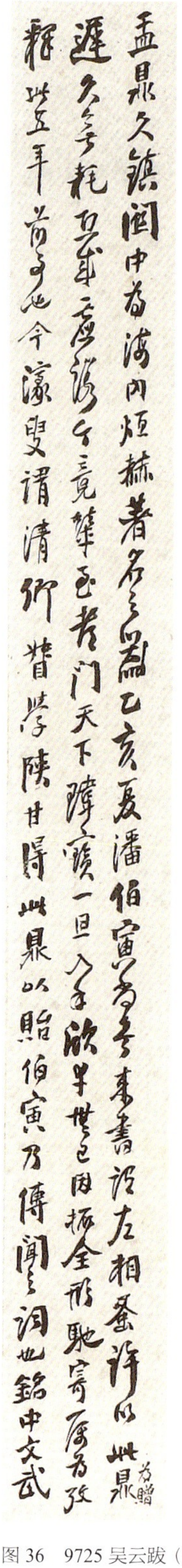

图 36　9725 吴云跋（右）

注释：

〔1〕 转自《人寿鼎盛——百岁寿星潘达于捐赠大盂鼎、大克鼎回顾特展》第18页，"大盂鼎铭文拓片及释文"。

〔2〕 吴大澂：《愙斋集古录》第4册，商务印书馆，1930年，第15页至17页。

〔3〕 参见曹允源、李根源纂《民国吴县志·顾肇熙传》（《中国地方志集成·江苏府县志辑》12册，江苏古籍出版社、上海书店出版社、巴蜀书社，1991年，第122页）；顾廷龙编：《吴愙斋先生年谱》，燕京学社，1935年。

〔4〕 分见顾廷龙编：《王同愈集》，上海古籍出版社，1998年，第462页至463页，184页，108页，200页。

〔5〕 吴湖帆所谓毛公鼎"考释"殆上海同文书局光绪十三年（1887）刊行的《毛公鼎释文》。盂鼎考释"半叶"今或在上海图书馆，见白谦慎《吴大澂和他的拓工》（海豚出版社，2013年）42页注17所引之"盂鼎考"，起首行文："右鼎于道光初年出土，为岐山令周雨樵所购得，旋归岐山宋氏。同治间袁筱坞制军以七百金购得之。今归吾乡潘伯寅师。癸酉冬大澂视学关中时，袁公督理西征……驻节长安，获观是鼎。"与8594轴"考释"及《愙斋集古录》文略异。

〔6〕 参见顾廷龙：《清江西提学使胜之王公行狀》，《王同愈集》第476-581页；及顾廷龙编：《吴愙斋先生年谱》。

第二节　早期大盂鼎拓本的流传与"二白"本

重要青铜器的出现，人们都想第一时间获得相关的信息，包括铭文摹本、拓本及图像等，以助赏鉴及研究。同时，对于青铜器的拓本，是否精拓，又比石刻碑版等平面的拓本更为讲究。在大盂鼎出土、流传及归藏潘祖荫的此段时期，人们就特别关心如何获得其铭文拓本，乃至精拓本，这在当时人来往的信札中最为突出。此外在诗文题跋及金石著录中，也多有表现。下面依所涉及的时序摘录部分，可以大致帮助今人理解相关旧拓本，也可大致感知那个时候的学术。

方浚益《缀遗斋彝器考释·盂鼎》：

> 按道光中，岐山河岸崩，出三大鼎，皆为邑绅郭氏所得。周雨蕉大令宰岐山，取其一以去，故当时颇有传拓。[1]

鲍康《观古阁丛稿·为石查题盂鼎拓本》：

> 此帧乃道光庚子辛丑间，刘丈燕庭属余书者，实则先子远兄代写者也。丈逝后，所藏悉散佚，石查农部得之于厂肆，藏已数年。一日忽持示余，余已不复记忆。惟怆念至交，复伤同气，俯仰身世，忽忽已卅余年，其感慨可胜道邪？[2]

道光二十年庚子、二十一年辛丑，分别为1840年和1841年。子远为鲍康长兄。

陈畯"乙巳（道光二十五年，1845）春仲十又八日"致陈介祺信：

> 盂鼎近闻携至三原，尚不难购一精拓。旧藏一纸，下半尚不大漫漶，兹亦检出奉上。[3]

陈畯，即陈粟园，浙江海盐人，曾长期为陈介祺传拓并搜访金石资料，咸丰元年（1851）为陈介祺制成《簠斋印集》10部，每部12册，享誉当时。

前述9725轴杨沂孙题跋有所谓"道光丁未年（二十七年，1847）嘉定陈小莲示余拓本"，在杨沂孙文集《观濠居士遗著·文集》中收有《西周盂鼎铭释文》，与9725号考述比较，行文略有不同，叙述考释稍详，是所作大盂鼎铭文拓本题跋的底稿，略早于9725号的跋。全文如下（具体文字释读略）：

> 予昔游嘉定，与陈小莲琛友善，示予盂鼎文，云邑人周某令岐山，适遇此鼎出土，拓其文，寄令释之，时道光丁未岁也。予绝爱其文，有结体波磔，深悟古文之法。其时彝器拓本，世不知贵，颇易得。越三十年，而海内竞重，如唐宋名贤墨迹矣。夫商周之文，非彝器何由见其真形？后人获睹仓沮遗制，如相诏语，诚足贵也。此器近为潘伯寅侍郎所得，惟所传拓本，不及予初见之精，或拓手有工拙耳。灌翁近得此纸，令予释之。曰：西周世臣有南宫氏，有南氏，阮钟鼎书有南宫方鼎，薛尚功书有南宫数器。此称南公，则南氏也。宣王时南仲其后矣。此器出于岐山之地，其文涉妹土禁酒事，与《酒诰》相出入。铭尾称祀不称年，犹沿殷制，则是器之铸，应在成王之时矣。"文""武"二字，左皆从王，古书无之。或古者考文于上，而下亦有不尽遵用者，于此可见也……此文体制起粗而末细，收笔肥重而颖厕，态甚妩媚，形若科斗。故习见小篆之整齐者，偶与古册金刻见此而不识，妄名之曰"科斗"。遂古之初，曷尝象科斗之形而制文字哉？此文十九行，行十五字，并书者三字，共二百八十八字。光绪三年八月，翁叔平侍郎省墓旋里，以李若农、张香陶所释者见示，予以为多踳驳，不可从也。据鄙见释之若此，疑者阙之。以质灌翁并就正叔平，望有以教之，非敢以京兆伏波自居也。

文末又附后来重计铭文字数的跋语：

孟鼎原文十九行，中第八行一人二字，第十二行一人二字，第十六行六百二字、五十二字，第十七行五十二字，第十九行廿又二字，均连文并书，计有六字，故供应有二百九十一字。[5]

文中特别指出："惟所传拓本，不及予初见之精，或拓手有工拙耳。"

陈琭，字小莲，道光甲辰年（1844）举人，精于六书，晚年研习九章算术，自号六九学人。

徐同柏《从古堂款识学》卷十六目录：

周盂鼎（岐山出土，海盐张石瓠寄视双钩本。附录）[6]

张开福，字石瓠，浙江海盐人，邑庠生，张燕昌之子。《光绪海盐县志》称其"能读父书，好金石之学、鉴别鼎彝碑版，能识古文奇字，尤工诗。客陕西归，自号太华归云叟，与二三老友饮酒赋诗，无外慕焉"。[7] 徐同柏，字寿藏，号籀庄。据其子徐士燕所撰《徐寿藏年谱》记载：道光十八年（1838），张石瓠于十一月"将赴甘肃巩秦阶道幕，来会，即言别"[8]，又据杨继振"癸亥（同治二年，1863）三月"在《海东金石苑》稿本卷八末所作的跋称："逮咸丰纪元，侍宦西浙，于张石瓠处得丈此稿。"[9] 所以张开福在陕西的时间为道光十八年末（1839年初）至咸丰元年（1851）以前，当然他的大盂鼎铭文勾摹本也就在此期间。

陈介祺"壬申（同治十一年，1872）十月二十五日"致鲍康信：

孟鼎一大字者一小字者，小者弟只一纸。求再物色。

又笺：

孟鼎欲精拓之字：每行下二字，五行第六字（六行同）。尤要者：三行末二字，四行末二字，六行末二字，十五行末一字，十六行末二字，十八行首一字。[10]

陈介祺"同治壬申（十一年，1872）十二月六日丙辰"致鲍康信：

胡君石寅[查]当与小午兄相识，可转求拓本否？闻盂鼎（陕曰南公）尚在，为之深喜。其大者恐不存矣。盂鼎弟有释甚详，惜所见拓本下半皆拓不致，务乞为致数纸佳拓。永和斋亦无来书，想无暇远及矣。兹有一书，乞再致之，亦专为盂鼎拓本。

又笺：

盂鼎下半字清拓本，借看即可定释，不必求得。云以为李山农所得，前言小午者伪耶？香涛先生只是欠而让，一转语才有所长。每每如是，故兼之为难也。

左宗棠（同治十二年，1973）致袁保恒信：

盂鼎拓本细玩定非赝作。伯寅侍郎疑为不类，亦因其后互有出入，而神锋微露隽异，与古划别耳……弟意宝物出土，显晦各有其时，盂鼎既不为伯寅所赏，未宜强之，盍留之关中书院，以俟后人鉴别。其价则弟任之可也。

陈介祺"同治十二年癸酉（1873）"致潘祖荫信：

十月九日迭奉九月十三日、望日、十九日、二十一日赐书四缄……盂鼎自无可疑，君子一言以为不智，清卿亲见其器，自当可去成见，而笃爱更甚吾辈矣。尤望早成全图，并精拓其文，多惠数十纸为企耳。

陈介祺"同治癸酉（十二年，1873）十一月望"致吴大澂信：

秦中龙行虎踞，此行可谓壮游，羡羡。盂鼎想已见，前疑当可顿释。当有佳拓，乞早见惠。附摹数字，将来仍望慎别精拓，审释刊图，多赐不遗，则至感幸耳。

吴大澂"甲戌（同治十三年，1874）正月五日"致陈介祺信：

展读冬月望日手教……盂鼎自是瑰宝，口径三尺许，高约四尺许；铜色纯黑间有浅绿，字口亦深，惟缺笔数处竟非锈涩，铜质显然可睹，或当时镕范不足亦未可知。如此巨器精铜，大字深口，似又不应有此缺划，殊不可解。大澂前在青门作两日勾留，忽忽回署，未及手拓，幕友及家人中又无善拓之人，仅托筱坞前辈拓寄数分，纸墨不佳，附上两纸以备分贻同好。大澂近顾拓工来署，教以先扑后拭之法，将来即遣往拓盂鼎及各处汉刻，如有精本续寄呈鉴。

陈介祺"同治十三年甲戌（1874）二月十三日"致潘祖荫信：

盂鼎不知何日至，闻大如今方案，容可八石，自非专车不可。想打车以载，山河之遥，正未易易耳。至日如有精拓，乞先寄。日内与新来学拓一友说拓法，说毕，少修其词再寄奉，以为初学之导。一两月恐尚未能寄也。鼎宜度以建初尺，尺有木者，有纸裥者，有三尺五尺者，乃便用耳。足、上口（径、圆）、腹（深、围、下垂之中）、均须详度寄拓本，乞拓一全耳。玟珷字，愚以为作者以为文之文乃王者之文，武之武乃王者之武，故均加王，以别它文武字，以义起之字也。此鼎致疑在此。故先据理明之，未知大雅以为何如也。须审别字，前有一纸与清卿学使，乞索来勘之。[14]

陈介祺"甲戌（同治十三年，1874）四月书，五月十一日壬子夜"致吴大澂信附笺：

盂鼎：

十七行：二白（百）人，人字一剔误……

剔字宜先看斑中隐隐字画之痕，不可用刀，以大针动划中之斑，听其自起。

吴云致吴大澂信：

关中有盂鼎二器，乃海内烜赫著名之品。寿卿先有信到，谓左相移赠郑庵，正欲函问而郑庵信到，遂知确有其事。后闻沈仲恬说，此鼎已置诸孔庙，恐不能动。尚有小者一器，为徽人李伯盂奔藏，伯盂已故，其家宝守甚秘。以属其求拓本，不知可得否？关中之鼎，如真在孔庙，务望老阮台倩人精拓二三分见寄，择其一纸题数行于上，好装池张挂也。仆藏有拓本，纸墨粗劣，字之大小与散盘相似，止此一纸，不知其为大字本否也。闻小字者更精，尊藏有否？[15]

吴大澂同治十三年（1874）"八月廿九日"致陈介祺信：

孟鼎四纸一并寄上，仍系俗工所拓，墨色稍浓，总不如法。

此间拓手，多自以为是，又不耐烦，以速为贵。教以先扑墨后拭墨之法，多不听从。幕友、家人中亦能拓尔不能精。[16]

吴大澂"甲戌（同治十三年，1874）仲冬廿四日"致王懿荣信：

孟鼎闻已入都，郑师必有精拓本。兄所得者，纸墨均粗。[17]

陈介祺"光绪元年（1875）正月十二日"致王懿荣信：

孟鼎……此真至宝，不可假手俗工，况小奚乎……今寄来浓墨破纸拓一，极劣，而气味笔墨有大胜陕拓处。乞告石查，觅善拓者精心审视拓之，不可不多留数本，佳，则陕拓旧本皆不足道矣。

陈介祺"光绪元年（1875）二月十二日至十四日暮"致王懿荣信：

孟鼎……如不延张聋者，则须使人来拓……前寄一纸，浓墨侵字，纸上破者，尚有神。不知何以又易此粗布大扑，如刘太（泰）等者，尤恐用木柄包，用大木椎加毡，则又于鼎战栗矣，此不敢不言者也，乞代致。

陈介祺"乙亥（光绪元年，1875）四月廿二日"致王懿荣信：

拓精则不能迫促之，然一纸可敌数千百纸，是以不能如碑估之贪多务得，止求传古而已。海内如伯寅所藏几于无二，而拓未能得古人之真，殊为企望。

陈介祺"光绪四年（1878）二月廿七日夜子正"致吴大澂信：

又笺：

> 盂鼎求手自精拓薄纸佳（大更佳）墨本，以下半字审拓多见笔划为要。

吴大澂光绪四年（1878）"三月廿五日天津□□泐"致陈介祺信：

> 廿三日由京寓寄到二月廿七日手书……盂鼎未及手拓，时以为憾，它日入都，可图手拓数纸，必有以报。

以上所引 20 余例，主要还仅是拣选了关心拓本及精拓的获得，以及对拓本精粗与否评论有关的众多记述中的一部分。其中关于大盂鼎出土、流传、辨伪、归潘，以及全形拓、小盂鼎的问题，在下面的讨论中再予展开。在这里可以得出结论的是：其一，从大盂鼎出土，即有拓本流传，并且引起了关注和追逐；其二，从一开始，大盂鼎拓本就是"精""粗"并存的，其差别，虽然屡次的清剔有一定的影响，但主要还是因为"拓手有工拙"的缘故；其三，大盂鼎铭文下段："易夷嗣王臣十又三白，人鬲千又五十又九夫"，其中"三"在当时拓本中为"二"，从拓本字划对照来看，显然"二"上面的一划尚未剔出。

张长寿、闻广《闻宥先生落照堂藏大盂鼎墨本跋》，发布了两件都作"二白"的大盂鼎拓本，并首次就"二白"本问题展开了讨论。[18]（张、闻二位先生之文，以下省称《落照堂本跋》）落照堂的两件拓本无疑是早期的大盂鼎拓本，《落照堂本跋》已经指出，徐同柏《从古堂款识学》的双钩摹本就是作"二白"，书后附汪钟霖的精拓本也是"二白"本。此外如《攈古录金文》《奇觚室吉金文述》《小校经阁金文拓本》等著录的均为"二白"本。这很有趣，哪怕晚至光绪三十二年十二月（1907，汪钟霖跋），以至 1935 年《小校经阁金文拓本》的印行，采用的竟然仍是早期的大盂鼎拓本！方浚益《缀遗斋彝器考释》著录大盂鼎，已经采用"三白"拓本，但释文却仍作"二白"，大概采用的是旧的释文稿。这样有趣的情况表明，似乎那时的人更看重的是是否"精拓",从而便于释读和考据,至于"二白"还是"三白",并无关宏旨。陈介祺是最较真的,他于同治十三年(1874)四月写给吴大澂信的附笺里,对大盂鼎拓本的字,是一个一个地抠,不放过任何疑点,因为书及"十七行:二白(百)人,人字一剔误……"所以让我们知道了他所讨论的,也正是"二白"本。但此后其论及大盂鼎铭,仍未见特别关注"二白"或"三白"的讨论。陈介祺过世于光绪十年(1884)。

上节所述的上博藏大盂鼎旧拓中,8594、8595及9725号都是"三白"本,9725号杨沂孙考释(书于1886年)中虽追述了所见道光年间的拓本,但并未涉及"二白"还是"三白",在他处及文集中还特别提到了拓本工拙问题,可见并未关注这一点。另外两件,9716、9724号则是"二白"本。(图38)其中9716号不仅铭拓是"二白"本,全形拓鼎腹内的铭文也是"二白"。从这两件轴的题签来看,都对此有了辨别。9716号的副题"三百未剔初揭本",时间未明;9724号副题为"文中二百(人)未剔作三百人 风雨楼藏本",署"里堂"款,里堂是褚德彝的号,所以题签的时间应该是与他题名"盂鼎铭"同时的"甲寅五月",1914年。由此可知道的是,至少在1914年,已经有人开始注意大盂鼎铭文中,"二白"与"三白"的版本差别。与前述不加区别不同。这样两种不同的关注侧重,是否就是缪荃孙所谓的"谈金石者"的"二派"呢?缪氏《王仙舟同年金石文钞序》一文提出这个"二派"论:"一曰覃溪派,精购旧拓,讲求笔意,赏鉴家也,原出宋人《法帖考异》《兰亭考》等书;一曰兰泉派,搜采幽僻,援引宏富,考据家也,原出宋人《金石录》《隶释》等书。""覃溪"是翁方纲的号;"兰泉"是王昶的号。简单地划分就是:一派讲版本、重艺术,一派讲史料、重考据。

《落照堂本跋》推设大盂鼎拓本可以分为三个阶段,其中第一阶段,

8594 铭文

8595 铭文

8595 腹文

9716 铭文

9716 腹文

9724 铭文

9725 铭文

图 38　上博藏五轴铭文及 8595、9716 全形拓腹内铭文局部对比

大盂鼎归潘祖荫前为"二白";第二阶段,归潘后为"三白","最合理的解释可能是潘氏获鼎后重新剔除锈斑,把三字最上面的一笔剔出,而潘拓的字迹较前清晰亦可为证";"第三阶段即1951年鼎归上海博物馆以后时期"。

现在,据9716号和8595号的对比来看,"二白"本和"三白"本的阶段区分可以进行新的分析。8595号轴与9716号轴都是全形拓,都没有署拓制人名,也没有拓手印章,但是构图设计、拓制手法等均一致,仅9716号轴墨色较8595号轴略显浅淡一些。区别较为明显的是鼎腹内的铭文,8595号轴墨色较深,或者非一人所拓。但是器形全形拓仍有可能是同一拓手所为,也应该是基本同时的制作,下节再专题讨论。相比较9716号轴的"二白",8595号轴从铭拓到腹中铭文都已经是"三白"了。所以9716号轴只能是拓于8595号轴之前,而且很可能就是拓完9716号轴后,发现并剔出了"三白",于是才有了8595号轴。从流传知道,8595号轴是吴大澂旧物,所以9716号轴似乎也应该属于同一情况。[20]

前面所引陈介祺光绪四年(1878)二月廿七日致吴大澂信:"盂鼎求手自精拓薄纸佳墨本",以及三月廿五日吴大澂复信:"盂鼎未及手拓,时以为憾,它日入都,可图手拓数纸,必有以报。"据此看来,似乎从大盂鼎入潘祖荫手的三年多时间里,还未有令二人满意的拓本。因此可以光绪四年(1878)初为上限,以8594轴为下限,来求证吴大澂亲自手拓的时间。因为8594铭文拓,以及吴的考释均已作"三白"。吴考没有署时日,顾肇熙跋题于光绪七年(1881)"上巳"(三月三日)。

吴大澂既精于绘画,又善于捶拓,驰名圈内。[21]吴氏还在致多人信中谈到教授拓工捶拓技艺的事情,前面就有述引。但吴大澂于公务十分勤勉,四处奔波,自光绪二年十月结束陕甘公务后奉旨赴天津会办赈务,至光绪四年底，往返津晋赈灾，光绪五年出任河南河北道，光绪六年赴吉林屯务至九年九月，以至光绪十年、十一年会办北洋事宜，携眷定居天津。期间最有机会在京入潘府，并稍安定而有从事拓制的时间，只可能是光绪四年九月，至光绪五年一月，期间还有一个月回了天津公干。[22]另外据白谦慎《吴大澂和他的拓工》考证，在此期间吴大澂的专职拓工陈佩纲，也于光绪四年底回到了北京。[23]

如果上述推断成立，则"二白""三白"的划分，即在其时。由前面所引陈、吴等人来往信札的例证可以知道，在潘祖荫得到大盂鼎之后，"潘拓"仍多有令人不满之处。这是有原因的。潘祖荫在光绪元年（1875）五月朔致吴大澂信讲到："盂鼎已如其大刻一图，当寄，恐包太大不便耳（兄处拓人以贫故皆散）。"其实在该年二月三日致吴信中，已经提到："拓人因年底烟花供养力不能支，已自行退去。"[24]以至于前引白书《吴大澂和他的拓工》有《拓工难寻》一节，讲到了潘家铜器被"拓坏"，"拓手皆十二三岁顽童"等。[25]

可能也正是陈介祺的孜孜以求，甚至让吴大澂亲自去拓大盂鼎，而吴大澂也忙不迭地答应下来，才促使"二白"向"三白"蜕变的完成。我们对比9716号铭文拓和9724号的铭文拓，都是"二白"本，但精粗之别真是一目了然。可见是否"字迹较前清晰"，其实关键还在"拓手有工拙耳"。馆藏另有一件孙伯渊捐赠的大盂鼎旧拓（编号0020），也是"二白"本，但更似所谓"俗工所拓"，墨色水浸，全无精神。（图39）

图 39　上海博物馆藏大盂鼎铭文旧拓（0020）

注释：

〔1〕 方浚益：《缀遗斋彝器考释》卷三，商务印书馆，1935年，第25页。

〔2〕 中国社会科学院考古研究所编：《金文文献集成》第16册，线装书局，2005年，第374页、375页。

〔3〕 天津立达拍卖有限公司2011年5月26日春季古籍拍卖专场，编号：30。

〔4〕 见陈敬第序，《十钟山房印举》，商务印书馆，1922年。

〔5〕 清代诗文集汇编编辑委员会：《清代诗文集汇编》第653册，上海古籍出版社，2010年，第336、337页。此文为影印件编入，殆为手写附纸。另盘龙企业拍卖公司2001年迎春拍卖古籍善本专场0366号《大盂鼎铭文拓片》，亦见杨氏此释文，乃光绪三年八月初五日"为"江阴吴灌翁"所题。除少数遣词及增加跋尾语之不同外，文中"成王之时"改作"成康之际"，"并书者三字，共二百八十八字"改做"并书者四字，共二百八十九字"，余皆相同。可见《文集》所收，与前述吴大澂"盂鼎考释半叶"相类，均是为拓本作题跋所预书之底稿。

〔6〕 徐同柏：《从古堂款识学》第八册，第1页，蒙学报馆石印本，光绪三十二年（1906）。

〔7〕 《中国地方志集成·浙江府县志辑》21，上海书店，1993年，第923页。

〔8〕 徐士燕：《徐寿臧年谱》第14页，嘉业堂刊本。

〔9〕 复旦大学图书馆藏刘喜海《海东金石苑》稿本，此条跋文经睢骏先生提供照片核实。

〔10〕 《簠斋尺牍》，商务印书馆1919年影印本，不署页，分致函对象，基本按时序编排。本书陈札非另注者同此，不再出注。

〔11〕 《左宗棠全集·书信二》，岳麓书社，1996年，395—396页。

〔12〕 陈继揆整理：《秦前文字之语》，齐鲁书社，1991年，第11页。

〔13〕 吴大澂：《愙斋自定年谱》同治十二年（1873）载："八月初一奉旨：陕甘学政着吴大澂去。钦此。九月请训出京，十月到陕接印……"《青鹤》第二卷第三期《年谱（四）》，1933年，第2页。

〔14〕 陈继揆整理：《秦前文字之语》，齐鲁书社，1991年，第16页。

〔15〕 吴云:《两罍轩尺牍》,《近代中国史料丛刊》第 1 辑,文海出版社,1966 年,第 778—779 页。本书引吴云札非另注者同此本。

〔16〕 此札谢编误置于光绪元年乙亥,其所附《吴陈两家尺牍编年表》亦然。然表列"同治十三年癸酉"之"八月初九日"札,赫然有"新得一鼎一彝一尊,拓奉审定……于同官道中见唐人造像……用夫昇至三原学署,特拓一本寄呈赏鉴。未知吾丈曾见及否"云,而本札起首即云:"月初曾布一缄,并呈同官县唐造像一分、拓本数种……"故知此札实在同治十三年。

〔17〕《吴大澂愙斋赤牍》,商务印书馆,1919 年。潘祖荫别号郑庵,故吴大澂称其"郑庵师""郑师"。是书为吴致王懿荣函札集,未署页。本书引吴致王懿荣信,除另注者外均引自是集。

〔18〕 张长寿、闻广:《闻宥先生落照堂藏大盂鼎墨本跋》,《文物》2008 年 10 期,第 88—91 页。以下引述此文不再注出页码。

〔19〕 缪荃孙:《艺风堂文续集·王仙舟同年金石文钞序》,《清代诗文集汇编》756,上海古籍出版社,2010 年,第 622 页。

〔20〕 8595 轴,王同愈从为顾肇熙写录(1885)到再题记(1895),历经十年,却仍未送出,还在吴家,直至吴湖帆之手。疑 9716 轴可能更未曾入世,亦经吴湖帆而进上博,否则如此淘美巨制,入世怎会历经多年而无题咏?可惜入藏记录缺失。

〔21〕 李慈铭《为清卿题五律二首》有"余艺兼图绘,高斋足鼎彝"句(《桃花圣解庵日记辛集》,《越缦堂日记》第八册,广陵书社,2004 年,第 5882 页),潘祖荫赞其拓本"真精真妙"(苏州博物馆藏顾廷龙抄本《潘文勤公与吴愙斋手札》,第 19 页)。

〔22〕 见前引《吴愙斋先生年谱》相关年段。光绪四年九月一日至五年一月三十日,公历 1878 年 9 月 29 日—1879 年 2 月 20 日。

〔23〕 白谦慎:《吴大澂和他的拓工》,海豚出版社,2013 年,第 57 页。

〔24〕 分别见苏州博物馆藏顾廷龙抄本《潘文勤公与吴愙斋手札》,第 7 页、20 页。潘氏"致贫"的原因恐怕仍与入手大盂鼎有关,详见下文。

〔25〕 白谦慎:《吴大澂和他的拓工》,海豚出版社,2013 年,第 47、48 页。

第三节　关于全形拓

上博馆藏 8595 号与 9716 号两件除铭文拓本之外，下面的全形拓赫然巨观。仔细观察拓纸，显然是以整纸拓成。全形拓都是按照实际大小拓制的，只是由于当时测量手段不完善，尺寸不太准确而已。大盂鼎的实际尺寸为：腹径最大 82.1 厘米，通高 101.9 厘米。但这两件全形拓的腹宽，8595 为 86 厘米，9716 为 86.3 厘米。两件全拓形的器足至器耳最高处，在 111 厘米至 115.5 厘米之间不等，这可能和将鼎口沿置于较大的低视角，从而鼎耳的立体表现带来的视觉影响有关。均较平视所量的实际尺寸为大。

青铜器全形拓大约发生于清乾嘉年间，随青铜器研究、鉴赏热潮的兴起而发展。清晚期至民国初，拓制较盛，以至于成为金石图像艺术之葩。但是由于全形拓的拓制较为繁复，技术难度高，以及整体金石学环境制约，所以总的来说，进步仍不算明显。吴大澂光绪二年（1876）"丙子孟秋十二日"致陈介祺信："当世争购宋拓唐碑，不惜数百金之费，而于商周文字独不知宝爱，如尊藏各拓空前绝后，二三同好外，知者绝少，唯大澂好之最笃，得有重分亦不轻与人。"再加上照相术的发明及其被应用于印刷的影响，现在流传下来的青铜器全形拓总量仅数千件。在这数千件全形拓中，以整纸拓、分纸拓拼接成形两种，在学术资料上最具价值。其余如绘图刻版拓、（整体）笔描颖拓等，因为不是从器物上或并非主要从器物上"拓"下来的，所以均非严格意义上的拓本。

整纸拓和分纸拓拼接两种不同的全形拓作法，主要区别在于：分纸拓拼接法，以器耳、足、纹饰等分别上纸捶拓，然后按部位将各拓纸裁、拼为全形；整纸拓则以整张纸，按构画草图预留的部位，分耳、足、纹饰及器腹等部位按序上纸，多次捶拓，最后完成全形。无论整纸拓法还是分纸拓拼接，都有两个最基本也是最关键的要求：立体感表现和细节表达。所以构图是否合理、捶拓是否到位及拼合（整纸拓的拼合就是不同捶拓区域的衔接）是否细致完善，就决定拓品的成功与否。

晚清人于捶拓包括全形拓最为着力探索、论述的是陈介祺，他在与同好的往来书信中，几乎无不涉拓（拓本、拓法、拓工等），其中很多次涉及全形拓（拓器、拓图、作图），并十分讲求"阴阳向背"、尺寸相合，甚至还因此特别关注当时刚投入应用的照相术。陈介祺在"癸酉（同治十二年，1873）十月十三日戌刻"致吴云的信中说："洋照法亦佳，惟前大后小，又须器上纸再拓……中土人能此者可试之……缩图则必记其小于器几分也。""甲戌（同治十三年，1874）十二月二日辛未"致潘祖荫信，建议：盂鼎"作图用洋照……可作二图，大者用原尺寸，小者则以照者摹刻。字亦可照，小者为一缩本图与字也……"前引"乙亥（光绪元年，1875）四月廿二日"致王懿荣信，在抱怨所得盂鼎"图甚不如法，未免怅歉"之后，接着又申论道："洋照虽不必好其奇，然照古器形，缩三代古文字，锓木以补其不能久存之憾，而用其能不失真之长亦佳。形则展为巨图，小大如一，则无画工以意揣拟之失……"所谓"不能久存"，是指初期的照相显影，不能长久保留影像的缺陷。陈介祺还专著《传古别录》，论剔字、拓字、拓图及注意事项诸法。

后期拓青铜器全形最为著名的是周康元（1891—1961），字希丁，据说他"为了传拓，曾于1915年参加画法研究会学透视法"，也是他采用整纸拓取代了分纸拓等。然而，上博馆藏8595号与9716号两本全形拓，不仅均为整纸拓，而且捶拓到位，整件器物造型准确、线条流畅，透视感也很好。（图40、图41）当然，还是可以观察到一些早期特征及瑕疵，下面就作一些讨论。

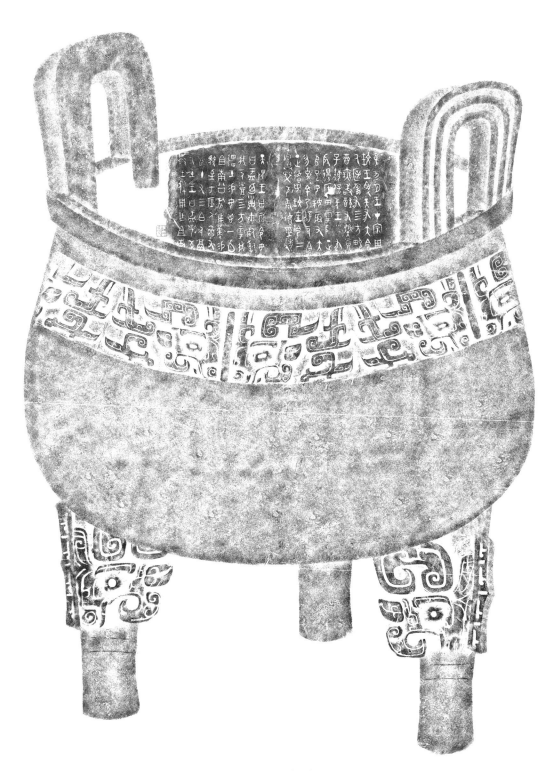

图 40　8595 全形拓

图 41　9716 全形拓

（一）透视与非透视

"透视法"是绘画法的理论术语，西画所谓透视主要就是线性透视，是一种把三维的形象表现在二维平面上的绘画方法，使观看者对平面的画有立体的感觉。就这一标准来说，全形拓都是朝着这个方向去的。因为人的感觉和感性需求是相通的，但具体表达乃至理性升华就因人而异了。现存的全形拓上，首先基本是器口置于视平线以下，以表现器口，用陈介祺的说法是："向前一倾见口，即得器之阴阳。"[4] 其次如果是有足器，则近足长而远足向上收短，符合与画面垂直的线向焦点消失的法则。再次，如果有器耳并且两耳平置的话，则表现出两耳的内侧面。事实上金石书上的器物图向来就是如此表现的。（图18）如果说这种图形的透视表现是朴素的，那么另外一种"作图"法就更凸显追求立体效果之意。

以拓圆鼎为例。如国家图书馆藏"侯臣手拓"的"䢅攸从鼎"全形拓，整器两足前置，前倾的鼎口露出对应鼎腹的部分铭文，左右两耳侧对正面视点，呈现出鼎身向左偏转，左耳见内侧面，右耳见外侧面的画面。（图42）[5] 因为鼎身向左偏转，所以后面的一只鼎足就向右偏移。这些都是立体的效果，是符合透视原理的。上博馆藏8595与9716号全形拓，恰是采用了这样的表现手法，但是要早于国图的拓本，而且在鼎腹纹带中心左移、右足扉棱显出外立面等地方，都做得非常细致用心。更加值得注意的是，上博拓本后面的一只足，显得稍细，比国图本的处理更觉到位。此外，晚近的全形拓更讲究墨色的深浅过渡，力图表现出立体器身受光的明暗变化。

表现鼎身偏转的作法，其实在全形拓的早期就产生了，僧六舟道光

图 42　侯臣手拓虢攸从鼎（国家图书馆藏）

十四年（1834）作的《焦山周鼎图》就是这样的。[6] 只是六舟此图有一明显不符透视的地方：后面的足仍然居中，与偏侧的器身显得不协调。（图43）

这类双足在前、偏侧器身使得全形拓更显立体感的做法，几乎都有一个偏离透视法的地方，那就是：将可见的铭文部分置于画面的正中。本来口沿前倾既是立体的表现，同时也能满足突出铭文的需要。铭文当然是铸制于鼎腹内的正中位置，作拓图的人也想如此表达，然而这恰与偏转的鼎身不符了。我们注意到，在现存全形拓的诸多此类作法中，除了个别的少字数铭文或稍作偏转外，凡稍长成篇的铭文大都置于正中。从而可以悟出，此种铭文居中的做法，大概正是出于某种坚持。陈介祺在致潘祖荫信中建议"作图用洋照"法用其之长后，又讲到要克服其短："出古名大家之画笔……自有机杼。"[7] 这大概也是中国文化传统及其艺术表现的一种特质，并不能简单地以透视或非透视而论之。

（二）纹饰拓与全形拓

全形拓并不神秘，整纸拓也不神秘，陈介祺甚至讲"整纸拓者，似巧而俗，不入大雅之赏也"。当然这只是他的一家之言，有历史的原因和他个人的价值判断。[8] 从操作上讲，整纸拓也就是在一张纸上进行的"多次拓"，要求的只是预先的构划，包括打样制草图和设定上器部位的先后顺序，以及每一次局部上纸的细心操作，稍有不慎即易致瑕疵甚至失败。下面通过大盂鼎的纹饰（包括纹饰拓本），以及上博馆藏8595与9716号全形拓相应部位的处理来进行讨论。

先看鼎足部位：鼎足侧面纹饰[9]、鼎足正面纹饰拓本1[10]、鼎足正面纹饰拓本2[11]、8595全形拓器足、9716全形拓器足（图44—图48）。

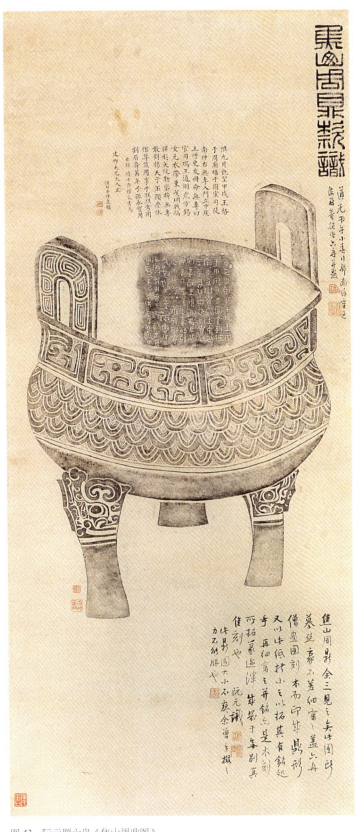

图 43　阮元题六舟《焦山周鼎图》

图 44 大盂鼎足部纹饰

图 45 大盂鼎足正面纹饰拓本 1

图 46 大盂鼎足正面纹饰拓本 2

图 47　8595 全形拓器足（左）　　　　　　图 48　9716 全形拓器足（左）

以上图像均为大盂鼎对应铭文的左侧鼎足。通过对比我们讨论如下。

其一，纹饰拓本也是多次拓的结果。《鼎足正面纹饰拓本 1》（以下省称"《拓本 1》"）和《鼎足正面纹饰拓本 2》（以下省称"《拓本 2》"）的拓制，都是表现出中间扉棱的正面拓。由于鼎足扉棱高出，所以要同纸拓出左右两侧的纹饰，这样就至少是分三次拓（参见足部纹饰照片）；如果要拓下面的弦纹，则至少还要增加一次拓（见《拓本 1》），这也是因为扉棱太高，棱下的弦纹无法与其他纹饰同时上纸。

其二，同样是拓纹饰，不同的拓手会有不同的理解和处理。比如《拓本 1》拓了弦纹，《拓本 2》则无。同样是分拓，《拓本 1》在扉棱两边不留空，《拓本 2》则留空。

其三，两件全形拓都是鼎腹先拓，因为要表现自上而下的透视效果，就要表现出鼎腹遮挡住鼎足上端的部分，鼎足纹饰须少拓一弧形块面，所以靠近扉棱上端的云雷纹只能拓出小半（特别是左侧鼎足，图 49）；如果稍有疏忽拓出了整个，就发生半个云雷纹遮盖在鼎腹上的情况，就成了瑕疵。（图50）由此推想，分拓时如果留给腹部和足部一定空间，就更利于操作，也更为美观。如其二所述，这可能是不同的处理习惯和技术传承。但是我们注意到，后期的全形拓大都是如此做的，以留出的空间形成各部分的间界，如鬴攸从鼎全形拓及周希丁拓臣卿鼎全形。（图42、图51）

其四，8595号轴与9716号轴在足部兽面纹的表现上，除了被遮盖的部分外均充分展开（参见该两件拓本图像的另一侧鼎足），9716号轴甚至还拓出了兽面颚边外缘的底纹。这样的做法，虽然就拓本表现青铜器的原始资料和信息的初衷来说很到位，当时拓手可能也是如此理解，甚至也并不觉得不立体；但纯就透视来讲，是其不合法处，腿部的浑圆没有了。后来所谓"成熟""鼎盛"期的拓手们大多就不这样处理了。

再看鼎腹部的纹饰：鼎腹纹饰拓本、8595鼎腹纹饰、9716鼎腹纹饰。（图52—图54）

通过对比，我们又可以进行以下的讨论。

其一，由于大盂鼎垂腹而下部稍大，所以正常的腹纹拓片展开后，其纹饰带即呈一定的向上弧度。但全形拓由于视角的缘故，腹部纹饰就要表现出更大的向上弧度，这就需要对纹饰带进行分段捶拓、重新组合，使之衔接成新的弧度。马子云《金石传拓技法·拓图形法》说："如器的上部小而下部大，其花纹必向上弯……不可能一、二次就把需要的花纹拓完，可分四、五次或六、七次拓。上纸先上中间的一部分，以后再按所画的位置继续上纸上墨。"

其二，全形拓制作中，表现纹饰带弧度、角度的改变，对操作的技艺和细致程度要求很高，不仅要多次分拓，而且要按弧度的改变做相应的调整，一般在纹饰的组与组之间进行，对其中的间隙作裁剪（即少拓）或放宽，

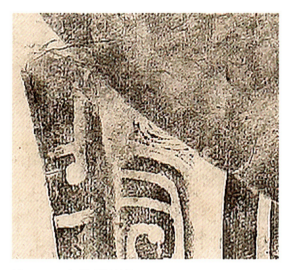
图49　9716全形拓器足局部

图50　8595全形拓器足局部

再予衔接，衔接得愈圆润无痕就愈显成功。就此而言，8595 和 9716 可谓十分成功。

　　通过三张纹饰局部图的对比来看 8595 和 9716 是如何处理的。虽然所选并非是同一部位的纹饰组，但对照纹饰拓本还是可以看出，新增弧度的取得，是全形拓采用了改变两组纹饰上下端间隙的办法：8595 紧缩了两组纹饰间的上端，9716 则是放宽了两组纹饰间的下端。（图55—图57）另外，以扉棱做纹饰分割，9716 还放宽了扉棱和纹饰组下端的空间。这些都巧妙而有效地加大了纹饰带的弧度。这是最不影响纹饰主体的表达方式，也是最易行的解决方案，可以根据需要灵活掌握。

　　其三，另举两个全形拓纹饰带的例子来印证马子云所论述的方法：《愙斋集古图·万羉》拓本腹部[14]、（图58）国图藏周希丁手拓臣卿鼎腹部[15]。（见图51）万羉拓本腹部纹饰明显经过多次拓，但效果不理想，主要当然与拓手的驾驭能力和细心与否有关。[16] 周拓臣卿鼎的腹部纹饰带也稍生硬，一是因为其纹饰组较长，两边再调整的空间有限；二来周氏没有利用中间的扉棱来做调整，从而影响了纹饰带弧形的圆润，并导致了整个鼎口效果的下降。可见除了透视法，极为关键的还是构思和执行的细致程度。

　　8595 与 9716 全形拓都没有署拓制人名，也没有拓手印章，无法确定

图 51　周希丁手拓臣卿鼎（国家图书馆藏）

为何人所拓。8595 鼎内铭文边的"吴湖帆印"（白文）当然只是鉴藏印。但如前所述，二者为关系密切的前后之作。《落照堂本跋》一文结尾谓："吴宝炜《南公鼎文释考》著录有大盂鼎全形拓图，极罕见，兹转录于后。其上铭文'十又三白'清晰可见，盖亦潘氏拓本也。"为便于比较，再转录《南公鼎文释考》图像于此　。（图 59）仔细比对三图可发现，《南公鼎文释考》著录图与 8595 号、9716 号二拓虽然在具体的分拓和衔接上

图 52　大盂鼎腹纹拓本

图 53　8595 全形拓腹纹

图 54　9716 全形拓腹纹

各有细部的差别，体现出手工工艺的特点，但从诸如构图设计、风格面貌、拓制及细节处理手法等方面来看，却有着高度的一致，故疑是与 8595、9716 号同批制作的全形拓，经照相而成缩印版。三者之间最明显的差异，只是左侧鼎耳内侧的突起，深入鼎腹的长度有所不同。其实此处并无关大碍，细察也都是由墨补而成。揣测 9716 号制作完毕之后，发觉了"二白"的"二"字被锈所掩的情况，于是去锈以后接着再拓制其二、其三……[18]

图 55　大盂鼎腹纹拓本局部

图 56　8595 全形拓腹纹局部

图 57　9716 全形拓腹纹局部

图 58 《窭斋集古图·万罍》局部

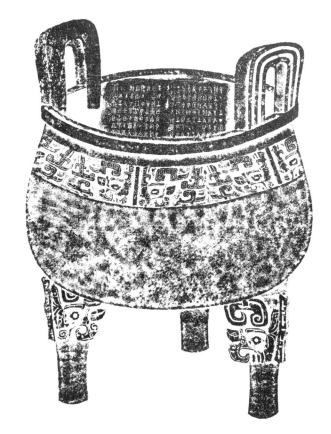

图 59 《南公鼎文释考》全形拓图

注释：

〔1〕 上海博物馆编：《盂鼎　克鼎》，1959 年，第 17 页。

〔2〕 陈秀玉：《国家图书馆藏金文全形拓研究》，台湾师范大学国文研究所，2001 年度硕士学位论文，第 4 页。

〔3〕 史树青：《悼念周希丁先生》，《文物》1962 年第 3 期，60 页。

〔4〕 陈介祺：《传古别录》，陈继揆整理《簠斋鉴古与传古》，文物出版社，2004 年，第 14 页。

〔5〕 北京图书馆编：《北京图书馆藏青铜器全形拓片集》第 1 册，北京图书馆出版社，1997 年，第 128 页。

〔6〕 朵云轩 1998 年秋拍 575 号。桑椹《青铜器全形拓技术发展的分期研究》曾引用，《东方博物》2004 年第 3 期，第 33 页。

〔7〕 《簠斋尺牍》"甲戌十二月二日辛未"致潘祖荫。

〔8〕 陈介祺：《传古别录》，陈继揆整理《簠斋鉴古与传古》，文物出版社，2004 年，第 15 页。陈氏所谓"巧而俗"可能是针对某些整纸拓存在非拓的修弥因素。其实全形拓的情况并不尽然，早期的整纸拓还十分朴拙，并无修弥，不过因较少而不太为人所知。而分纸拓，因追求透视效果，亦有采用非拓的修弥手段，参见"再篇"的相关内容。

〔9〕 采自上海博物馆编《人寿鼎盛——百岁寿星潘达于捐赠大盂鼎、大克鼎回顾特展》，2004 年，第 15 页。

〔10〕 上海市文物管理委员会传拓本，上海博物馆图书馆藏。

〔11〕 采自上海博物馆编《人寿鼎盛——百岁寿星潘达于捐赠大盂鼎、大克鼎回顾特展》，2004 年，第 15 页。

〔12〕 上海市文物管理委员会传拓本，上海博物馆图书馆藏。

〔13〕 马子云：《金石传拓技法》，人民美术出版社，1988 年，第 17 页。

〔14〕 上海博物馆藏本，卷上。器形及铭文均有存疑处，参见周亚：《愙斋集古图笺注》，

上海古籍出版社，2012年，第37页。

〔15〕 北京图书馆编:《北京图书馆藏青铜器全形拓片集》第1册,北京图书馆出版社,1997年，第103页。

〔16〕 《愙斋集古图》的拓工，白谦慎以为是"出自尹元鼐之手"（前引《吴大澂和他的拓工》68页）。其实未必尽然，因为《愙斋集古图》两卷中全形拓的技法风格及水平参差明显，并非一时一人所为，详见本书"再篇"相关章节。

〔17〕 吴宝炜：《南公鼎文释考》，潢川吴宜常石印本，首页。

〔18〕 容庚《商周彝器通考》称：盂鼎"拓本通耳高约三尺三寸"（上海人民出版社重排本，2008年，231页）。所述与全形拓实际尺寸相合，容庚似应见过拓本或系转述，不知是哪一件。

第四节　余　论

从 19 世纪 20 年代大盂鼎出土，一直到 70 年代中期归藏潘祖荫，整整半个多世纪，此器一直是当时金石学界的热点。盂鼎的出土还不止一只，史料明确记载有两只盂鼎共出，此后围绕这两件盂鼎的风云际会、辗转波折，又牵扯出多少人间幻剧、歆羡牵挂！此节就大盂鼎的出土与归藏潘祖荫，以及小盂鼎的相关史料稍作梳理，以飨关心此器之同好。

一、大盂鼎出土及归藏潘祖荫

重器的出世，其出土地点和时间，包括流传，都很重要。可惜的是，大盂鼎出土时间和地点，并无第一手的记录流传下来，加上当事人的懵懂或有意隐晦，现在只能根据事后人们的追记，形容仿佛。不过经过梳理辨别，还是能够得以接近真相。先说出土时间。因为两件盂鼎同时出土，所以会有相关的记述，也为了方便下面的讨论，我们一并罗列出来。记述出土时间最早的是鲍康，他在《为伯寅跋盂鼎拓册》中写道：

> 鼎乃嘉道间岐山出土，初为宋氏所得，置秘室不以示人，周雨蕉明府侦知之，遽豪夺去。余曾乞其打本请观，则不可，诡云已送归南中。文凡二百九十有五字，陈寿卿叹为史佚之作，其心醉如此。刘丈燕庭辑《长安获古编》，亦以未得是鼎及虢季子白盘为憾也。雨蕉逝，鼎复出，左季高相国购以重资，拟异送关中书院，置中天阁上，旋闻伯寅爱之，即慨然持赠。鼎尚未辇致，一日，伯寅以旧装拓本作长歌纪事，并属余一言。余念鼎文考证，诸家已备言之，可弗赘。独鼎之自出，余所深悉，辄率识如右。且三十余年乞一见不可得者，今幸归宝藏……

鲍氏称"嘉道间岐山出土"。

其次为道光初年说，以吴大澂说为代表。上博馆藏8594及8595号所录，以及《愙斋集古录》所谓："是鼎于道光初年出郿县礼村沟岸中，为岐山令周雨樵所得，旋归岐山宋氏。同治间项城袁小午侍郎以七百金购获之，今归吾乡潘文勤公。"另外今人庞怀靖《周原地区出土著名青铜器漫话》称：

> 大盂鼎是清道光（1821—1850）初年出土的。出土地点，多数人说：出自岐山县礼村沟岸（鲍康、吴式芬、方浚益），唯独吴大澂说：出自郿县礼村沟岸。查郿县境内并无礼村，礼村实在岐山县京当公社贺家大队，其村东村西都有沟壑。可见"出自郿县"之说，实出误会。此鼎出土以后，先曾为岐山的累世财主宋家所收藏（宋金鉴曾著有释文千余字），后被岐山县令周赓盛夺去。据说周赓盛还任过郿县县知事，可能因此而误传为"出自郿县"了。道光三十年，宋金鉴上京赴试，得点翰林。他在北京出银三千两把大盂鼎赎买到手，运回岐山。其后宋家中衰，其后代宋允寿于同治（1862—1874）年间将此鼎运往西安，以700两银卖给袁保恒，袁又赠给潘祖荫……[2]

还有说是出于"道光中"的。方浚益《缀遗斋彝器考释·盂鼎》：

> 道光中，岐山河岸崩，出三大鼎，皆为邑绅郭氏所得。周雨蕉大令宰岐山，取其一以去，故当时颇有传拓。同治甲戌（十三年，1874），鼎复自周氏出，左文襄公方督师关陇，购之以寄尚书于京师。余于尚书邸中曾审视数过。平生所见大鼎，此为最巨矣。

又方氏同书《盂鼎二》：

> 铭三百九十余字，可辨者二百三十余字，合文四，宣城李云生太守文翰所藏。器今佚，据《攈古录金文》摹入。
>
> ……旧闻郭氏以所藏三鼎为前后两令豪夺其二，其一方鼎遂深藏，

不复示人，故无传拓者，重器鸿文，徒存响像。此鼎归太守，亦未洗剔，
遽辇致宣城，咸丰中粤寇之乱，竟罹兵燹，拓本之传者亦罕见。

此外还有不确定的"近时"说等。如陈介祺"咸丰二年壬子（1852）
五月十一日"毛公鼎拓本跋：

  关中近日出土之鼎，其大者，字似智鼎少大，尚为青绿所掩，为李
公所得。次即盂鼎，归刘公，皆长安宦。[4]

大盂鼎出土于岐山，初为乡绅宋氏所得，是多数人的记述。吴大澂光
绪二年（1876）"四月四日凤阳试院"致陈介祺信：

  秦中绅士家藏器尚多，惜不肯借拓，近知大澂不事豪夺，稍稍出示。
而岐山宋氏鉴于南公鼎，所藏益秘。

因为潘祖荫曾写信给吴大澂："闻宋氏有一方鼎，字极多，能借拓否"，
所以吴大澂所谓宋氏"所藏益秘"可能即由此而来。[6] 潘致吴的另一信也
同样讲到"闻陕宋氏亦有数百字之方鼎也（小午说见之）"。[6] 两信所指
应该是同一件方鼎。这样，就可以视作在郭氏得"三大鼎"之外的另外一说：
"三鼎"都为宋氏所得。

吴氏到陕数年后，大概已经清楚了大盂鼎的流传情况，前信所述及的，
一是纠正了原先所获知"（先）为岐山令周雨樵所得，旋归岐山宋氏"的
过程，其次是证实了多人提到的周赓盛（雨蕉）的"豪夺"。[7] 大盂鼎应
该是经历了庞怀靖文所述的过程：宋氏——周赓盛——宋氏。

按《光绪岐山县志·官师·知县》"道光年间"载录：

  周赓盛，字雨蕉，江苏镇洋举人。十年署任，十八年复由永寿调实任。
以察为明，谓人不欺。先是邑有疑案，已经息结，乃故翻深入致人重法，
坐累者连年不释。且创立新规，民间诸事，勒令遵行，由是人心嗟怨，
道路以目……[8]

《说文》:"谦,痛怨也。"周賡盛在岐山任上是道光十八年至二十二年。县志载他的继任张因培"老成谙练,遇事有为,承周雨蕉之后,凡事少从宽,平民已歌颂载德"。周賡盛的官声非常差。道光二十九年,在三原县知县任上时,他被参:"于抢夺拒伤之案,既已呈验,并不详办,显有讳匿情弊。"道光帝谕:"着先行解任,交该抚提同各全案人证,研鞫明确……按律惩办。"[9]撤职查办了。可以想见,一个既能"讳匿情弊",又可以"故翻深入致人重法"的县太爷,要"豪夺"起来,是怎样的可怕。

周賡盛会写几句诗,曾自行刊印了《蕉馆集》。自从他夺来了大盂鼎后,"当时颇有传拓"。前面述及的一些道光拓本,恐怕大多与之有关。如道光十八年底赴陕的张石匏寄给徐同柏的双钩本,刘喜海(燕庭)道光二十、二十一年间请鲍康题跋的拓本,杨沂孙道光二十七年所见陈璨(周的老乡)的拓本等。甚至陈畯道光二十五年给陈介祺写信,讲"盂鼎近闻携至三原,尚不难购一精拓",都是大可想象的(按此时周可能正在三原任职)。但是当鲍康想讨要大盂鼎拓本的时候,周却诡称不便而拒绝了,弄得子年(鲍康字)先生因"三十余年乞一见不可得"而一直耿耿于怀。

大盂鼎被袁保恒购入(付款)在同治十二年(1873),前引左宗棠与其信所谓"其价则弟任之可也"即可为证。此前是已流入市场,还是宋金鉴道光三十年由北京购回,又因"宋家中衰"而直接卖给了袁,有着不同的传闻。即袁氏购得大盂鼎之事就传得沸沸扬扬,莫衷一是。除了前面提到的刘喜海外,还有李宗岱也欲购入大盂鼎。鲍康致潘祖荫信曾说起此事:

> 前晤方元仲,谈及盂鼎,知李山农曾遣人挟重资往购,而袁小午已谈价在先,遂以六百余金得之,因过重不能辇致都下。左宫保闻之,始有送入关中书院中天阁之议。[10]

前引陈介祺同治十一年十二月六日致鲍康信，欲转托与袁保恒相识的胡义赞（石查）求拓本，同信也提及此事："云以为李山农所得，前言小午者伪耶？"次年二月陈介祺又致信吴云："盂鼎云归袁子午，或云李山农购而未得。"李宗岱，字山农，南海（今广州）人。道光二十九年（1949）副榜贡生，山东候补道员署山东盐运使、布政使。性喜金石，曾入藏过太保鼎等青铜器。

关于大盂鼎还有过真伪的困扰，潘祖荫就曾因此而想放弃收藏。但是陈介祺对大盂鼎始终信其为真，给潘祖荫写信劝其收入，并给吴大澂写信让其鉴证实物，分析致疑的原因等等；终于使潘氏打消疑虑，进而催促左宗棠早日送鼎入都。除前文已涉及的，潘祖荫还曾于同治十二年（1873）初致吴大澂信：

> 寿卿有金文九百种，可谓多矣。盂鼎其信之深。兄亦不定为伪，此物究在两可，何则？究有几今始终不可识之字也。廉生从前醉心毛鼎，曾无一言，何后来转圜之甚易乎？吾辈不大识字，是甚大病？然寿卿亦不甚识字也，况时文家乎。以为何如？不识字不要紧，尚有经济一门也。一笑。[11]

潘祖荫又于同治十三年（1874）二月十四日致吴大澂信：

> 左相以盂鼎见赠，已奉来函。但不知何时可到。陈寿卿心醉于此，为之魂飞魄散矣。连日清理逋负（奉缉廷为经手），阮囊一空，幸无佳器，有亦不得矣。[12]

"逋负"是拖欠及债务的意思。关于潘祖荫所谓的"阮囊一空"以及"清理"他器，圈内人恐怕也是有所耳闻的。如陈介祺同治十三年七月十一日致潘祖荫信：

> 收古器至盂鼎，似不必再过求……左相书归盂鼎，自取方无痕迹，

且可速。愚见似尚非谬，或寄运费二百金与小子，托其制椟（厚木、铁钉叶，内用纸厚糊、塞满不少动，或托子年切致苏亿年为之尤妥）。觅车、择京差员弁之至可托者委之，而进城事自任之，当必妥速。尽弃所藏而藏此，尚且未过，何计留资他谋耶。强之亦可至，似不如如此。乞怒愚者之直而妄也。[13]

陈介祺又致鲍康信讲："盂鼎如可得，虽以伯寅藏器二十种易之，亦不为过"；"既得此重器，其寻常小品，亦可不必过亟，凡物多皆是累也。"[14]

左宗棠致袁保恒书：

> 伯寅侍郎书来，亟盼盂鼎之至。前函敬托代为照料，辇致都中，计已承筹措及之。[15]

当然，圈子里个个都是很关心的，来往信札就像问候相互间之成员一样关心大盂鼎的"到否"、各种谣传、有否"中变"等等。如吴云致潘祖荫书：

> 前奉四月杪手书……盂鼎中变之疑，闻之怅然。嗣晤季玉亲家，云得近报，此鼎已从关中起行，将可到京，不胜抃舞。盂鼎为海内著名之器，其大者初闻已舁置文庙，今始知出于讹传也。小字者亦知在宣城李氏，曾托人往索拓本，至今未得闻。李伯盂已作古人，不知其家能终守否？[16]

季玉，即潘曾玮，字玉泉，潘祖荫之叔，潘世恩之子，其子潘祖颐娶吴云女，所以有"亲家"之称。吴云又致潘祖荫信：

> 欣悉盂鼎指日可到，大喜大喜。昨日恒轩寄到盂鼎拓本二纸，云即左相所赠。此鼎久在袁筱坞阁学寓中，纳于文庙之说或妒忌者故兴此谣也。金石洵有前缘，亦有执事嗜好之笃，使神物不胫而至，真令人健羡无已。[17]

当然最急的还是陈介祺，他于"甲戌（同治十三年，1874）三月廿三日乙丑"致王懿荣书追问：

> 盂鼎至否，车载须厚护，伯寅不自往致，自必迟矣。

真是恨不能亲往押迎。终于，同治十三年（甲戌，1874）的十一月，大盂鼎入都，到了潘祖荫的手上。《潘祖荫年谱》同治十三年甲戌十一月：

> 是月左文襄公自关中辇致盂鼎。[18]

其实从关注者来往信札的密集问候中，也能推知大盂鼎入达潘祖荫手的时间。如陈介祺同治十三年十二月二日致潘祖荫信：

> 伯寅仁兄世大人台座：前月十九日得十月惠书四缄、金文多种……
>
> 盂鼎既云年内可至，刻想已纳尊斋……

又于光绪元年（乙亥，1875）正月十一日致潘祖荫信：

> 伯寅仁兄世大人台座：去腊九日得十一月书二缄，除夕得望前书二缄……

又笺：

> 盂鼎已至尊斋，真三千年来之至宝……

前一信述十一月十九日收到十月信四通，大盂鼎尚未至，次信述年前的十二月九日收到十一月信两通，即获知"盂鼎已至"。从二信之邮程推算，似还可以知道：大盂鼎入潘府应不会晚于该年十一月的中旬。[19]

潘氏得鼎以后，鉴赏雅聚事即以进行。8595轴顾肇熙跋就记述了盂鼎到达不久的一次雅聚，除顾以外，参与者还有胡义赞（石查）、汪鸣銮（郋亭）、严玉森（鹿溪）及王懿荣（正孺）等人；并记载了潘祖荫"赋诗寄谢湘阴公，盖湘阴公搜访得之，由袁而归潘也"。左宗棠是湖南湘阴人，故有此称。可惜潘祖荫谢左宗棠诗不知今存何处。前面讲到鲍康《为伯寅跋盂鼎拓册》述及"伯寅以旧装拓本作长歌纪事"，只是当时"鼎尚未辇致"，还在得鼎之前。潘氏那首长歌名《盂鼎歌》，收在潘承弼（景郑）辑刊的《郑盦诗存》里，现转录于下：

孟鼎出岐阳，刘（燕庭）吴（子苾）皆著录。字画独瑰奇，文从悉可读。盂名古无征，王命实严肃。辞多戒酗醵（文有云：在雩即事燕丰祀，无敢䤉，雩即鄠也），旨与《酒诰》续。盖是周大夫，掌酒食畿禄。殷以沈酒亡，周鉴凛坠谷。立监又佐史，申戒遍臣仆。文王与武王，字左皆从玉（文王字三见，皆作玟；武王一见，作珷，此他器所无）。边侯边伯先，受田作汤沐（文有云"边侯田"，案《左传》庄十九"边伯之宫近于王宫"，边侯疑边伯之先，其所田，则受田也）。南公南仲祖，世卿著氏族（文有云：乃嗣祖南公，又云锡乃祖南公旗，又云用作祖南公宝鼎。案南为殷时国，时之南仲盖其后也）。成周事弗具，坠简久沈陆；幸赖彝器存，十可证五六。勿详宁阙疑，信耳且凭目。苟其迹可搜，奚惮指画腹。伟兹宗周物，郑重等球篆。何取轻诋諆，鲁赝同垢默。况夫通假例，多足证故胅。䢼建字殊形（我其䢼相先王，䢼出字与宗周钟"迈相"字同，阮仪征释为"建"，非是），废法音同属（勿法朕命，法即废也）。佞古吾岂敢，聊破众疑蓄。[20]

二、关于小盂鼎

讨论大盂鼎的出土、归属及早期拓本等，一定会涉及到同出土的另一件盂鼎，也就是我们现在习称的"小盂鼎"。李学勤《大盂鼎新论》和《小盂鼎与西周制度》二文中讲小盂鼎时，提到了前引庞怀靖文，以及杨树达、陈梦家关于小盂鼎的相关说法。[21] 三位的文章除铭文内容外，论及的刚好是关于该鼎的出土、流传，和两件盂鼎的大小关系、称名区别以及拓本的流传情况等。这里就此作一些相关材料的梳理。

庞怀靖《周原地区出土著名青铜器漫话·小盂鼎》：

此鼎与大盂鼎同时同地出土，出土后亦为宋家所收藏。后来由宋金鉴之侄子宋世南行贿送给陕西巡抚（宋世南以此而得捐官出任山东东阿县知事），今不知所在。[22]

庞文关于小盂鼎流传情况的说法，与当时人的说法有明显的不同，前文已经多有涉及。除了方浚益《缀遗斋彝器考释》讲岐山"出三大鼎"均为郭氏所得外，其余各家大多只述及两件盂鼎，而且都是称为宋氏所得，这一点与庞文一致。[23] 但是，当时人一致的另一个说法是：还有一件盂鼎后来被岐山县令李文翰获得，并被运回李的老家宣城；还有说到，咸丰年间，在安徽遭太平军战乱后鼎不知所终。

李文翰（1805—1856），字莲舫，号云生，安徽宣城人。道光八年（1828）举人，咸丰六年（1856年）死于四川任上。按《光绪岐山县志·官师·知县》"道光年间"载录：

李文翰，字云生，安徽宣城举人。二十三年实任，赋性燥急……见二十六年天旱，禀请发仓劝捐赈济，活民无算……

李文翰任职岐山知县，至继任者吴华春（江西玉山拔贡）"二十八年实任"止。[24] 周雨蕉（道光十八年至二十二年）、李文翰（道光二十三年至二十八年）两任之间，仅有张因培、陆均两人短暂任职或代理。[25] 李氏在任还是做了些实事的，官声也不错，喜欢诗文金石，还做过传奇四种。冯桂芬为其作墓志铭，收入《显志堂稿》。[26]

李文翰又称"李伯盂"，"伯盂"不见正式的载籍。但当时人却如此习称，除前引吴云致潘祖荫和吴大澂信中提到外，还有吴大澂光绪三年（1877）八月廿四日致陈介祺书：

李伯盂所得大鼎，次于盂鼎者，世无拓本，唯尊处有之，此亦不可不收之器也。

李氏兄弟二人，李文翰为长，称"伯盂"难道和"盂鼎"有关？更使人困惑的是，李文翰的儿子也叫"伯盂"。何绍基《东洲草堂诗钞》有《云生太守款留一日，由凌云山回，醉后作》，后注："时见赠石门颂碑及自制传奇四种。"又《云生太守乃郎伯盂（崇鼎）潜习余书久矣，太守令来洪雅执贽门下，愧不能却，是日大风雨》诗，其中有句："自愧迂疏跌宕姿，抗颜最赧作人师。烟云偶染书家派，风雨来修弟子仪。"[27]

另，何绍基《东洲草堂金石跋·跋石门颂拓本》：

> 咸丰乙卯（五年，1855）初秋，余已卸蜀学使事，即为峨眉之游。先至嘉定府，为李云生太守款留署斋者三日，论古谈诗，荷花满眼，至为酣洽。插架书帖甚富，浏览之余，快为题记，见余心赏是拓，临别遂以持赠，遂携至峨眉。逮回洪雅县斋，将游瓦屋，太守令乃郎伯盂冒风雨来，执贽吾门，奉手盘桓者两日。余回成都后，旋自蜀入秦，书问不绝。丙辰入都小住即南游，闻云生作古人，此帖竟成遗念，每一展玩，不胜凄感。拓本甚旧，非百年内毡蜡，余所藏《孟文颂》，此为弟三本，同治癸亥。[28]

据李文翰传记，李其时正在四川嘉定府任职。丙辰，咸丰六年（1856）在四川过世。他的长子名午，出生即夭殇。次子李之郇，为知名藏书家，字伯雨，号莲隐，生卒年未详。同治间游京师，官兵部武选司郎中。[29]何绍基所称"太守乃郎伯盂（崇鼎）"，应该就是这位"伯雨"，号莲隐（父字莲舫）。父亲的名号、儿子的名号，"伯盂"又且"崇鼎"，后来又想"隐"去些什么？和盂鼎的关系，真是欲说还休。结合当时人"其家宝守甚秘""不知其家能终守否"之议论，引人遐思。但是小盂鼎之入李文翰手的史实，大概也可因此而得以佐证。

再看两件盂鼎之大小与称名关系。杨树达《积微居金文说·全盂鼎跋》：

> 盂鼎有二，一文全具，一残缺不完。其文全具者二百九十余文，残

者约三百九十余文。近人目全者为大,残者为小,与事实不合,今以全残二字别之云。[30]

杨氏主张"以全、残二字别之",所以此跋称"全盂鼎",理由是"近人目全者为大,残者为小,与事实不合"。意思是二鼎之大小,并非如人们所称的那样。下面我们按时间顺序来排列当时人所述及的二鼎大小。

陈介祺咸丰二年(1852)跋毛公鼎:"关中近日出土之鼎,其大者,字似智鼎少大,尚为青绿所掩,为李公所得。次即盂鼎,归刘公,皆长安宦。"刘喜海得盂鼎事后来知道是误传。

陈介祺同治十一年(1872)九月二日致吴云信:"盂鼎尚在否?又有一大者,字却小。余仅有一拓本。"

陈介祺同治十一年十二月六日致鲍康信:"闻盂鼎(陕曰南公)尚在,为之深喜。其大者恐不存矣。"

陈介祺同治十三年(1874)二月十三日致潘祖荫信:"大盂鼎(鼎容十二石而字小,拓本亦不可见)……盂鼎不知何日至,闻大如今方案,容可八石,自非专车不可。"直接称未知的那件为"大盂鼎"。

陈介祺同治十三年二月廿二日致吴云信:"此(盂鼎)容八石,其容十二石为人载归皖,未知兵燹后尚存否?其文纪献俘而字小,昔仅于尧仙得一拓本,未知南中尚可得精拓否?"尧仙为吕佺孙字,道光十六年(1836)进士,卒于咸丰七年(1857)。《滂喜斋丛书》收有他所著《百砖考》。缪荃孙《续碑传集》有传。

吴云致潘祖荫:"盂鼎为海内著名之器,其大者初闻已畀置文庙,今始知出于讹传也。小字者亦知在宣城李氏,曾托人往索拓本,至今未得闻。"

吴云致吴大澂书:"盂鼎……尚有小者一器,为徽人李伯盂弄藏……仆藏有拓本,纸墨粗劣,字之大小与散盘相似,止此一纸,不知其为大字本否也。闻小字者更精，尊藏有否？"吴云不知自己所藏是哪一件盂鼎的拓本，所以"大者""小字者""小者"混称。"小者一器"也可理解为"小字者一器"，见前引陈介祺"壬申（同治十一年，1872）十月二十五日"致鲍康书。

陈介祺致吴云书：

> 盂鼎归伯寅，可喜。其大者未知尚存否（容十二石，在皖）？[31]

吴大澂光绪三年（1877）八月廿四日致陈介祺信："李伯盂所得大鼎，次于盂鼎者，世无拓本，唯尊处有之……"

上举共9例，陈介祺6次提及，都是讲李文翰所得者为"大盂鼎"，小字，容12石；"盂鼎"，大字，容8石。吴云2例，称"小字者""小者"。吴大澂1例，称"次于盂鼎者"，又称盂鼎4石（上博8595轴，及《愙斋集古录》）。除吴云因不明情况而表述较含糊外，吴大澂亲临陕西，是其说法较为可信之处。然而陈介祺早有"小盂鼎"拓本，特别关心，所以提及最早最多。至于究竟孰大孰小，恐怕现在已无法确认了。但是，大盂鼎究竟为多少容量，这个事情我们今天却是可以去做一下的。

最后是关于拓本。陈梦家《西周铜器断代·小盂鼎》：

> 1955年借到于省吾先生原拓照片（即此次制版的）……王献唐先生来信见告，日照曾有此鼎拓本两份：一份为丁麐年所得，后归端方；一份为许印林所得（吴录当据此本），后归其弟子丁憩吾，传其孙丁希农。王氏说此人尚在西安，拓本可能还在。此说与我前所知陈介祺一拓是人间唯一之本，有所出入。清季以来，此鼎拓本不清，流传又少……[32]

陈梦家关于"陈介祺一拓是人间唯一之本"的说法，应该是事实。仔细比对现存小盂鼎拓本的影本，无论是《三代吉金文存》的剪贴本，还是《小校经阁金石拓本》的完整本，全出自一个底本。方浚益《缀遗斋彝器考释·盂鼎二》所谓"据《捃古录金文》摹入",也仅是"拓本之传者亦罕见,今幸见阁学此刻,得以重摹入录"的意思,并非吴式芬用了另一拓本的证据。首先,陈介祺讲过,自己只有一件拓本,见前引致鲍康书:"盂鼎一大字者,一小字者,小者弟只一纸。"其次,如前引吴大澂所说:"李伯盂所得……盂鼎者,世无拓本,唯尊(陈介祺)处有之。"据说此本今存台北"中央研究院"。当然,就算是还有第二本存在的可能,今天的我们并不能乐观。

注释:

〔1〕 鲍康:《观古阁丛稿三编》,《金文文献集成》16 册,线装书局 2005 年,第 387 页。

〔2〕 陕西周原岐山文管所编:《周原资料汇编》第 1 集,1983 年,第 6 页。

〔3〕 方浚益:《缀遗斋彝器考释》卷三,商务印书馆,1935 年,第 25、30、33 页。

〔4〕 《故宫季刊》第 7 卷第 2 期,台北,1972 年,图版 15。

〔5〕 苏州博物馆藏顾廷龙抄本《潘文勤公与吴愙斋手札》"五月十五日"信,第 33 页。顾廷龙于是信批注"丁丑前甲戌后",看来更可能即在得到大盂鼎之后的光绪元年,乙亥,1875 年。

〔6〕 苏州博物馆藏顾廷龙抄本《潘文勤公与吴愙斋手札》,第 60 页。

〔7〕 吴氏《盂鼎考》底稿还曾有"为岐山令周雨樵所购得"云,见前引《吴大澂和他的拓工》第 42 页注 17。其实,"购得""所得"亦均可出于"豪夺"。

〔8〕 《中国地方志集成·陕西府县志辑》33 册,凤凰出版社、上海书店、巴蜀书社,2007 年,第 47 页。

〔9〕 《大清宣宗成皇帝实录第十五》,第 9 册,东京大藏出版株式会社影印本,1936 年,第 3、4 页。

〔10〕 潘祖年:《潘祖荫年谱》同治十三年甲戌十一月引,《近代中国史料丛刊》第19辑,文海出版社,1966年,第73页。

〔11〕 苏州博物馆藏顾廷龙抄本《潘文勤公与吴愙斋手札》,第46页。

〔12〕 苏州博物馆藏顾廷龙抄本《潘文勤公与吴愙斋手札》,第42页。

〔13〕 陈继揆整理:《秦前文字之语》,齐鲁书社,1991年,第29、30页。

〔14〕 同治十二年八月廿九日信及同治十三年二月十三日信,均见《簠斋尺牍》。

〔15〕《左宗棠全集·书信二》,第499页。此信系于同治十三年(1874),按确应在该年前数月内。

〔16〕 吴云:《两罍轩尺牍》,《近代中国史料丛刊》第1辑,文海出版社,1966年,第561、562页。

〔17〕 吴云:《两罍轩尺牍》,《近代中国史料丛刊》第1辑,文海出版社,1966年,第565、566页。

〔18〕 潘祖年:《潘祖荫年谱》,《近代中国史料丛刊》第19辑,文海出版社,1966年,第73页。同治十三年(甲戌)十一月当公历1874年12月9日至1875年1月7日。

〔19〕 "除夕得望前书二缄",按书写习惯及邮程,应是十二月望前书。

〔20〕《清代诗文集汇编》,713册,上海古籍出版社,2010年,第2页。

〔21〕 载《郑州大学学报》,1985年3期,及《历史研究》1987年5期。《金文文献集成》28册,第257-261页。

〔22〕 陕西周原岐山文物管理所编:《周原资料汇编》第1集,1983年,第6页。

〔23〕 关于宋氏可能还藏有另一件"方鼎"的传闻,参见前文。

〔24〕《中国地方志集成·陕西府县志辑》33册,江苏古籍出版社、上海书店出版社、巴蜀书社,1991年,第48页。

〔25〕 均参见《中国地方志集成·陕西府县志辑》33册,江苏古籍出版社、上海书店出版社、巴蜀书社,1991年,第47、48页。

〔26〕 冯桂芬:《显志堂稿》卷七《四川候补道嘉定府知府李君墓志铭》,《续修四库全书》1535册,上海古籍出版社,2002年,第634、635页。

〔27〕 何绍基:《东洲草堂诗钞》,《续修四库全书》1528册,上海古籍出版社,2002年,第

708、714 页。

〔28〕 何绍基:《东洲草堂金石跋》,学海出版社,1981 年,第 119、120 页。

〔29〕 参见杨立诚、金步瀛:《中国藏书家考略》,上海古籍出版社,1987 年,第 88 页;郑伟章:《文献家通考》中册,中华书局,1999 年,第 1039 页。

〔30〕 杨树达:《积微居金文说》,中华书局,1997 年,第 42 页。

〔31〕 陈介祺《簠斋尺牍》此信未署时日,吴昌绶抄本置"甲戌(同治十三年,1874)三月廿八日庚午"札之后,"庚辰(光绪六年,1880)七月廿日"札之前。疑应为甲戌年末或光绪初年书。

〔32〕 陈梦家:《西周铜器断代》,中华书局,2004 年,第 113 页。

〔33〕 吴振武先生见告。

再篇

第一节 从清仪阁铜器拓本看早期全形拓

"清仪阁"是张廷济的斋名和收藏馆名,以商周青铜器及历代金石书画闻名,毁于咸丰年间的太平天国战乱。张廷济,字叔未,又字顺安,浙江嘉兴新篁里人。生于乾隆三十三年(1768),卒于道光二十八年(1848),嘉庆三年(1798)解元,金石学家、书法家,精鉴赏,富收藏,著作有《金石文字》《清仪阁所藏古器物文》《清仪阁金石题识》《清仪阁古印偶存》《清仪阁题跋》《清仪阁印谱》等。其中《清仪阁所藏古器物文》十卷,是张廷济所藏金石古器物的集录,以图册的形式,收录古器物共400余件(以下省称《清仪阁》)。张廷济的这本器物集录除以拓本加题跋、考述外,又记录了器物来源、收藏经过及价格,有的还附有相关信函、考释书页、诗笺等文本文件,是其显著的特点。张氏自跋:"此清仪阁自藏之册,故于得器之人、地、时、值,备细详载。偶然披阅,如履旧游,如寻旧梦。"[1]容庚评论这一特点具有"他书所无之……绝好材料也"[2]《清仪阁》有1925年商务印书馆影印本,原稿现藏日本京都大学人文科学研究所。按影印本序言编跋等知道《清仪阁》原稿10册,由徐钧(晓霞)于1916年冬购得,褚德彝于1917年编目并补作了一些题记。徐钧是浙江桐乡乌镇人,上海20世纪前期著名的儒商和藏书家,以"爱日馆"为藏书楼名,与吴昌硕等关系密切。其子徐安(懋斋)广集古玺和印谱,陈宝琛曾为他所编的印集题名,后来在1926年辑成《古玺印谱》出版,王国维做的序。其实这篇序文是王国维论述六国文字的文字学篇章,十分重要。[3]徐安过世后,他所藏的237部历代印谱于1962年被全数捐予了上海博物馆。

《清仪阁》徐钧序说:

> 吾乡张叔未解元笃学好古,精于鉴别,金石器物搜藏极富,筑清仪

阁藏之。顾自庚申之乱后，阁毁于火，图书金石荡焉无存。于是邑人鲍少筠四会严根复，各得其所藏墨本影印以传。然吉光片羽，于箧里收藏仍未窥其美富也。余好古生晚，于解元书迹曾获一二，而金石墨本每以未见全豹为憾。丙辰（1916）冬，估人以此册来售，因购得之。凡十巨册，自金石彝器、泉币玺印、砖甓瓦当，下至文房玩物，有文字者，无不手拓，萃为一编。解元又各疏其源流，释其文字，手书其上，实集古之大观。凡欲考清仪阁收藏者，得此书当不烦他索矣。"[4]

按徐钧的说法，此书拓本均为张廷济手拓，后来人们多从此说。但是此说并无确实的根据，书中所集拓本的拓者并没有明确的记述。张氏铜器的全形拓就经由多人拓制，后面会有述及。当然，张廷济自己也是精于传拓的，今天习用的白芨水上纸传拓，大概就是从他那里沿用开来的。陈介祺《传古别录》讲道：

> 昔用清水上纸……后用大米汤上纸，胜于清水。上纸之劣，莫劣于胶矾，矾则损石脆纸矣。
>
> 今用张叔未浓煎白芨胶法上纸，然只是札询，未见如法拓者。姑以芨水上纸，以纸隔匀，去湿纸，再以干纸垫刷击之。[5]

在《示拓友》札中又讲到：

> 拓字用白芨水，昔年闻之嘉兴张叔未先生者。归来告王西泉，令试拓。[6]

王石经（字西泉），山东潍县人，篆刻家，精鉴赏，亦擅传拓，有"曾登琅琊，手拓秦刻"等印章存世。

一、张叔未清仪阁藏铜器的全形拓本

容庚在1941年出版的《商周彝器通考·拓墨》章中讲到早期全形拓时，

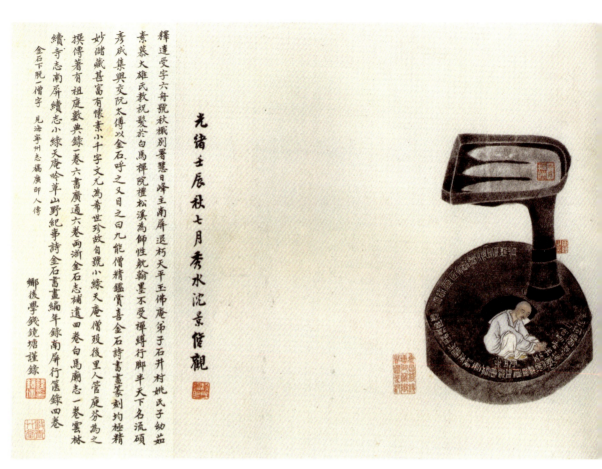

图 60 六舟《剔灯图》

举了马起凤、六舟和张廷济的例证：马拓仅见《金石屑》收录的汉洗（刻本）；"六舟拓本，流传尚有之……曾见所拓竟宁元年雁足灯两面全图，而自绘小象于灯中，一立一坐"；"《清仪阁所藏古器物文》（第一册）有全形爵四及仲叡父敦，均不甚工。张廷济题识在道光二年"。[7] 六舟是早期全形拓名声最显的。他的自编年谱《宝素室金石书画编年录》（以下省称《宝素室》）于道光十六年（1836）记：

> ……至杭州。吴康甫二尹过访余曰：有新安程木庵孔目（洪溥），见师手拓鼎彝全图，谓创从来未有之事，开金石家一奇格。仰望慈云，莫慰饥渴。因木庵家富，收藏三代彝器不下千种，欲延师至彼，亲承品鉴云云。[8]

程洪溥，字丽仲，号木庵，斋名铜鼓斋，徽州（今安徽歙县）人，祖、父为盐商、制墨家。程洪溥好收藏金石图书，辑有《木庵藏器目》等。在

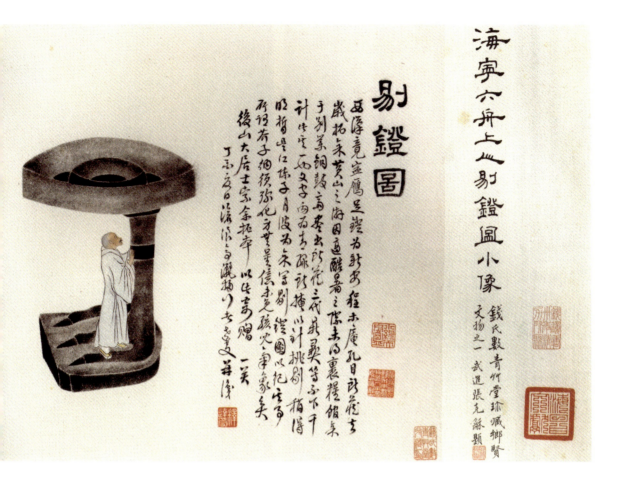

道光十六年,程洪溥虽已藏有诸多青铜器,但在见到六舟的青铜器全形拓之前,居然还未曾知晓有这种金石拓本的形式。也证明了此时仍处于青铜器全形拓的早期。现存较早的六舟的青铜器全形拓,浙江省博物馆有较为集中的收藏,纪年最早的作于道光十六年(1837),其中的《剔灯图》非常有名,就是前面容庚所提及的。[9](图60)《剔灯图》跋文:

  西汉竟宁雁足灯,为新安程木庵孔目所藏,去岁拓。余黄山之游,因适酷暑之际,未得裹粮。馆余于别业铜鼓斋,尽出所藏三代鼎彝等不下千计,此其一也。文字内为青绿所掩,以针挑剔,稍得明晰。吴江陈子月波为余写剔灯图,以记其事。所谓芥子纳须弥,化身无量亿,未免孩儿气象矣。

  后山大居士索余拓本,以此寄赠。一笑。

  丁酉夏日沧浪亭洒扫行者达受并识。

拓本钤有"释达受"白文印、"六舟拓赠"朱白文印、"臣经之印"白文印、"小绿天庵"朱文印、"广搜此日难求本独拓前人未见碑六舟记之"白文印等。跋文记图中人像为陈庚（字月波）所绘（写）。陈庚（1795—1853），祖籍浙江山阴，生长在毕邑，寄籍江苏吴江。道光二十四年（1844）乡试中举。擅长诗文书画、通晓音律，曾任松山书院山长多年，平生以授徒为业，著《萃元堂课艺》《觉来笑史》等书传世。[10] 此时陈庚尚未有功名，所以跋文称"陈子月波"。《宝素室》道光十六年记作"陈君月波（庚）"，与六舟同船赴新安程洪溥家。[11] 容庚所谓六舟"自绘小像"，可能是没有见到六舟关于绘像者跋文的缘故。[12]

《清仪阁》第一册所收录的4件爵以及1件簋的全形拓，考释题跋都记时为"道光二年壬午二月廿一日"或"道光二年壬午二月廿二日"这两天，行款、格式都相同，另纸书写。看来是整理装册时所抄录的。后面所录的"者娟爵"（张廷济定名作"周诸女方爵"）铭文拓本，有条跋文署款为"嘉庆廿四年己卯四月十二日说，道光二年壬午二月廿三日重录"，就是证明。[13] 5件全形拓均为整纸拓成，应该拓成于道光二年（1822）二月之前。其中仲隻父簋（褚德彝补题作"周仲兔父敦"）另有一铭文拓本，边上有"癸酉九月廿三日"的题记，癸酉即嘉庆十八年（1813）。后面所附的簋座刻铭拓本，有翁方纲的题跋，作于"嘉庆癸亥六月"。[14] 癸亥是嘉庆八年（1803），即张廷济嘉庆七年（1802）买来此簋的第二年。与存世的六舟全形拓比较，即可知：张廷济的这几件全形拓，在时间上要早的多，所谓的"均不甚工"，其实是早期形式的正常表现。（图61—图65）

《清仪阁》第一册共集录商周青铜器41件，一共收了5件爵，除了起首的4件爵全形拓，还有就是者娟爵。者娟爵是一件方爵，"高建初尺尺有四寸，深四寸五分，长尺有一寸，阔四寸六分，重今等四斤二两。四

图 61　张廷济藏仲隻父簋全形拓

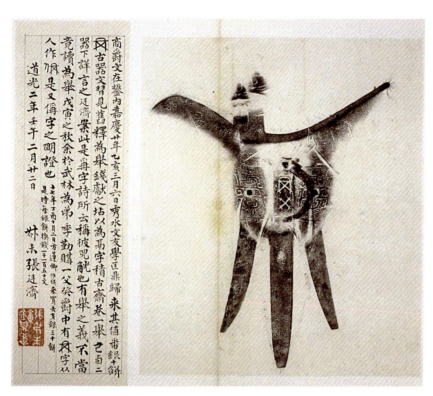

图 62　张廷济藏爵全形拓 1

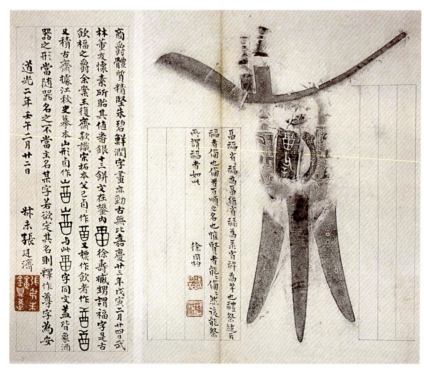

图 63　张廷济藏爵全形拓 2

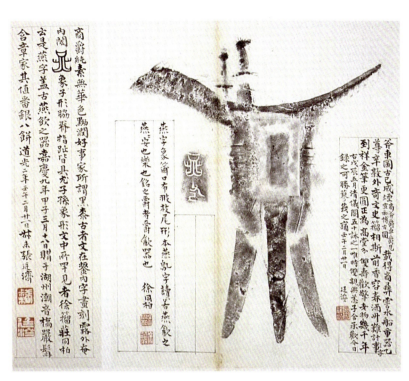

图 64　张廷济藏爵全形拓 3

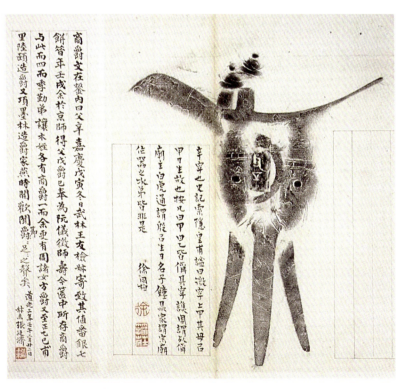

图 65　张廷济藏爵全形拓 4

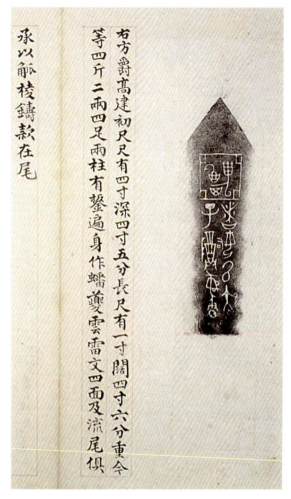

图 66 者娴爵铭文拓及跋文

足两柱,有鋬。遍身作蟠夔云雷文,四面及流、尾俱承以觚棱。铸款在尾。"[15](图 66)"建初尺"又称虑虒铜尺,有记载清初开始流传,传世摹本、拓本及仿品不少。今藏陕西省博物馆的虑虒铜尺,长 23.5 厘米,一面刻小篆"虑虒铜尺。建初六年八月十五日造"14 字。"虑虒"是汉代县名,故城在今山西省五台县东北。清代学者多喜欢用"建初尺"度量古物,以为合于古制。按张廷济所记,依 23.5 厘米 1 尺计算,这件方爵高达 32.9 厘米,流、尾长 25.85 厘米;依清代库平每斤约 596 克计算,爵重 2458.5 克。据《殷周金文集成》9090 者娴爵的"说明",这件方爵,就是梅原末治 1933 年《欧米蒐储支那古铜精华》著录为美国底特律某藏家所藏的"饕餮纹方爵","高八寸七分五厘""Height 26.4cm"。[16] 容庚《商周彝器通考·爵(二四)》:

诸妇方爵，通柱高七寸九分。遍体饰夔纹。铭亚形中"馘"及"诸妇以大子尊彝"，两行八字，在尾上。同铭者有方尊，罍，觥诸器。《精华》（即指梅原末治《欧米蒐储支那古铜精华》）著录。[17]

日本明治维新改制，1尺相当于30.3厘米，"八寸七分五厘"，合公制约26.5厘米。1930年，民国政府公布度量衡法：1公尺合3市尺，则"七寸九分"约合26.3厘米。考虑到测量误差，26.3厘米、26.4厘米和26.5厘米是相互符合的。所以张廷济的"建初尺尺有四寸"等的说法，似乎有误记；即使按高26厘米多来说，仍算是器形十分高大的爵，再加以造型严整，纹饰华美，俨然重器。而且这还是当时所见唯一的方爵，以致在定名上有了不同的意见，徐同柏主张称"觞"，张开福认为是"觚"等。这样一件重要的青铜器，又有着爵类中少见的长铭，在这本集录中自然留下了多条考述，记载了曲折的求购经历，并裱附托办人孙古云来信、朱至的咏爵长诗等，极显重视，但就是未见有该爵的器形拓。2014年10月出版的由西泠印社编的《吉金留影——青铜器全形拓摹拓捃存》一书，起首第一件，发表了由童衍方收藏的"周诸女方爵"全形拓。[18]（图67）这件全形拓装裱为挂轴，原题签还在，字迹已有磨损，但仍可以看出内容，为张廷济的手笔：（图68）

周诸女方爵 徐寿庄、质夫姪、文后山、六舟僧四题。此搨真是珍品。

道光庚寅蚤（早）秋装。叔未题。

钤"张叔未"白文印，庚寅，道光十年（1830）。

《周诸女方爵》画芯中间为者妇爵全形，左下钤"嘉兴张廷济字叔未行弎居履仁乡张邨里藏经籍金石书画印"朱文印，四周题满跋文，计徐同柏（寿藏、籀庄）《周诸方爵当作周诸方觞》1篇（此篇记时为"庚寅冬日"，书于上端诗堂），钤"文章大吉"朱文印、"徐同柏印"白文印各一；《释奥》

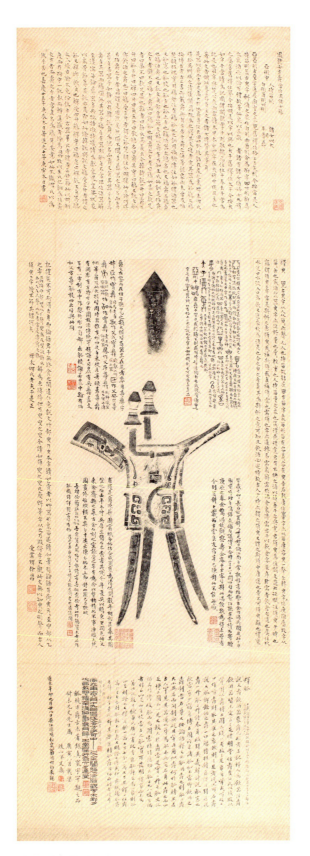

图67 者姛爵全形拓轴　　　　　　　　　图68 者姛爵全形拓轴原题签

1 篇，钤"籀庄"朱文印、"徐同柏印"朱文印各一；张开福（质夫）《说觚》1 篇，钤"张开福"白文印；张廷济自作考释 2 篇，前篇钤"张叔未"白文印，后篇钤"廷济"白文印、"张叔未"白文印各一；购藏经过跋记 1 则，钤"张廷济印"白文印、"金石奇缘"朱文印各一；拓装经过跋记 1 则，钤"廷济"朱文印、"张叔未"白文印各一；六舟（达受）观跋 1 则，钤"达受之印"白文印、"六舟"朱文印各一；文鼎（后山）观跋 1 则，钤"文鼎之印"白文印、"后山"朱文印各一；以上题跋记时日的均为道光十年（庚寅，1830）八月或"九秋"。末尾又有道光十一年（辛卯，1831）"九月廿八日"孙琇（松泉）和翁鸿（叔钧）同观的跋记一则，钤"翁鸿曾观"白文印。诸题跋中最值得注意的是张廷济购藏经过跋记和拓装经过跋记，以及六舟的观跋。张氏跋记一（全形拓右下）：

> 昔岁己卯，长白斌笠耕八世兄督储江南，自常孰（熟）移书招鉴古金。因过吴阊，见此于申衙前修理自鸣钟表铺内，议价不合。时二月十八日。阅四旬，而袭伯孙古云椟而寄赠。庚辰之春，余携过斌观察，夺金庵中坐客，皆斟此满饮，叹为得未曾有。今别笠耕十载，而古云良友宿草已陈，对此不能无感。

跋记中说嘉庆二十四年（己卯，1819）二月张氏本人应斌良（字笠耕，满州正红旗人，收藏青铜器，多与文人唱和，嘉庆间曾驻常熟督粮道）之招前往常熟鉴赏青铜器；路过苏州，见到了这件方爵，因议价不合没有成交。过了 40 天，孙均（古云）买下装盒赠送过来。第二年（庚寅，嘉庆二十五年，1820）春天，张廷济带着这件爵去拜访斌良，在斌府之客，均用此爵满饮，举座欢欣。今日已别斌良 10 年，而孙均早已亡故，感慨系之。虽未有记时，但此文撰于道光十年（1830）则是明确的。其实张廷济买这件方爵过程曲折，因为挂轴留空有限所以跋记简约。再看《清仪阁》，就有十分翔实的记录：

余自嘉庆己巳（十四年，1809）五月京邸归后，十年不过吴门。岁己卯（1819），旧雨斌笠耕观察督储江南，招赏古鼎彝器。二月十八日，同梅里李金澜明经过苏州，泊舟太子码头。由卧龙街至元庙观，遍观骨董肆数十，得汉"乐无事，日有熹，宜酒食，长富贵"镜一，他铜器绝无佳者。至申衙前，于钟表铺内见阁上度此爵，尘灰委积。索视之，心怦怦动。问其价，曰番银三饼，许至二饼有半。肆中人诡言寄售，遣人走问，云须十三，顷言误也。余笑谢之。廿日，自常熟回舟至苏，访石友孙古云袭伯均于申衙前申文定旧第，遣仆往瞻，爵则犹是也。乃托孙遣人转购。翌日，孙招饮百一山房，云：托王友振初去买，彼须十饼，已许至六饼，急不可图也。三月十六日，佺山邢师赴苏，余治书于孙，促其速买，毋为捷足所得。廿八日，孙遣书、椟致。偿以十饼，坚不肯受，唯留汉"将兵都尉"，字中错金丝者之印一。后知得此用银九饼云。[19]

完全是一篇刻画细致的故事。欲购者见猎心动，砰砰然的，在讨价还价中，一定被卖者看出来了结果要个小花枪，诡称是寄售要去询问，一下子从3块涨到了13块银洋，说是刚才口误。商贾的奸猾跃然纸上。但实在是喜欢，放不下，求朋友出面转托，终以9块拿下。朋友见其如此心仪、急切，干脆送个人情赠与了，坚不受钱，张廷济于是回赠了一枚错金汉印。还将孙均随盒的来信，裱入集录内，"以志金石友之谊"。11年后，题爵念及故友，岂能无感！

张氏跋记二（全形拓左下）：

甫获是爵，陈菽园翦纸分拓拈合成图，装为清供。阅数年，胡裕昆摹其图登之石。去年冬仲，吴厚生携石本索书其侧。今年夏，吴以镌东里润色帖又来。余斋县（悬）之摹古金石刻之室，张受之辛有为余以整楮（纸）精拓，不事连缀，天然图画，修短纵横不爽分寸，远出陈分拓本上。即对此图，已足耽玩。

吾甥徐籀庄同柏（原名大椿）、吾宗质夫开福，皆能读书，喜研索。徐考此作觚，质夫考此作觚，徵引详赡，言皆有物。道光十年庚寅八月十三日叔未张廷济书于清仪阁。

跋记讲述了刚得到此爵的时候（嘉庆二十四年，1819），陈菽园就用"剪纸分拓"（粘合成图）法给做了一件全形拓。数年后，胡裕昆摹绘刻成石版。"去年"（道光九年，1819）冬天，吴厚生拿着胡刻的石（拓）本来，索求题跋；"今年"（道光十年，1820）夏天，吴氏再来的时候，张辛（受之）已经作了这幅整纸拓的全形精拓本了。此拓真让人满意，与原器丝毫不差，远胜陈拓之本（剪纸分拓）。（图 69）跋记所涉及的二位拓者，其一是陈菽园，陈拓的者姆爵全形拓没有流传下来，不知道那件嘉庆年间分纸拓全形图是怎样的面貌，不知是否与清仪阁一起湮灭了？此外再未见到与陈菽园相关的任何记载和线索。会是"菽""粟"相混了吗？不是说张老夫子"不辨菽粟"，实在是嘉兴话属于吴语，"菽""粟"两字方音相近，人名用字常有同音相混的情况。第二位张辛，字受之，张廷济侄子，篆刻家。张辛嘉庆十六年（1811）出生，作此拓本时尚不足 20 岁，可惜早逝，殁于道光二十八年（1848），年仅 38。除此之外，也未见张辛作有另外的全形拓本。看来此时确实仍属于全形拓的早期阶段，无论是成熟度还是需求，都和同光时期不可相提并论。[20]

这则跋文还有可议之处是，按前述梅原末治及容庚所记的尺寸，此爵通高在 26 厘米多，但是测量拓本中两侧的通高，均达到 38 厘米之上，流口至尾通长也达 27 厘米，根据前述大盂鼎拓本较实物为大的情况来看，张氏的尺寸记录又似乎没错，所以他才有"天然图画，修短纵横不爽分寸，

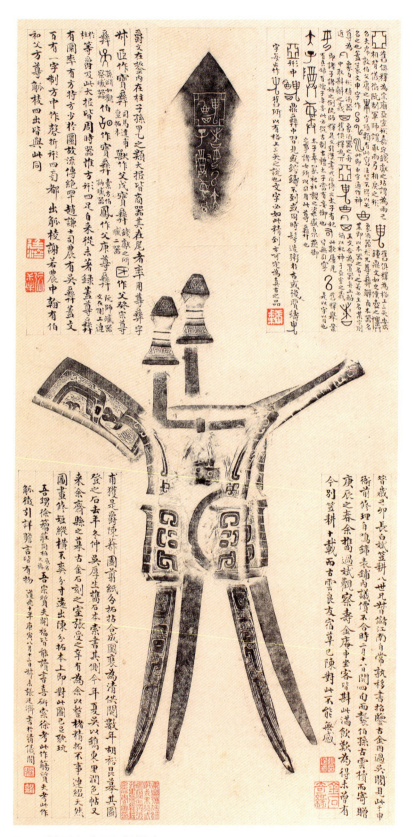

图 69　者𣄰爵全形拓图及张廷济跋

远出陈分拓本上。即对此图，已足耽玩"的评语。所以很有可能，此爵不是那爵。因为没有目验实物，不敢断语。

六舟的观跋：（图70）

　　道光庚寅八月十九日，偕江阴方子可中，从金阊归途借观于禾郡舟次，以致眼福不浅，聊识岁月归之。南屏行者六舟达受。

也是在道光十年（1830），按六舟《宝素室》"道光十年庚寅，四十岁"条记载："是年四月，与既白禅丈作京口之游……闲中得拓周无叀鼎全形，及瘗鹤铭全石，以了金石夙愿……闰夏，小住吴门……"六月之后的行踪失记，何时回到杭州也不明。这条跋文恰可补缺：八月，偕同方可中，从苏州水路回杭州，途经嘉兴，得以欣赏到这幅（全形拓）佳作，真有眼福！

按《宝素室》那年六舟行状，四月拓了无叀鼎全形，得"了金石夙愿"，所以此时的六舟应该已经有全形拓的制作，但观跋称"眼福不浅"，可知那时全形拓还是比较少见的。而且，从现存六舟全形拓来看，张辛所拓的风格，与其有着较为明显的不同，所以跋文当然还有参酌欣赏的意思。

二、早期全形拓面貌和特点

下面就以清仪阁所藏这6件器的全形拓，结合六舟的一些全形拓稍作分析，来看早期全形拓的面貌和特点。

其一：关注于主要信息的表达。在绘本、绘刻本与摄影照片之间，青铜器全形拓的产生，其动力就是借鉴铭文拓（包括摩崖拓等其他捶拓）的经验，以原大的形式更多地表达器物的信息，以利保存和传播。所谓"全形拓"，其基本性质一是原大，还有就是反映器物的造型、纹饰及其他细部表现，而这些正是捶拓的基本功能。因为是立体器物，要表现立体，又要"拓"，

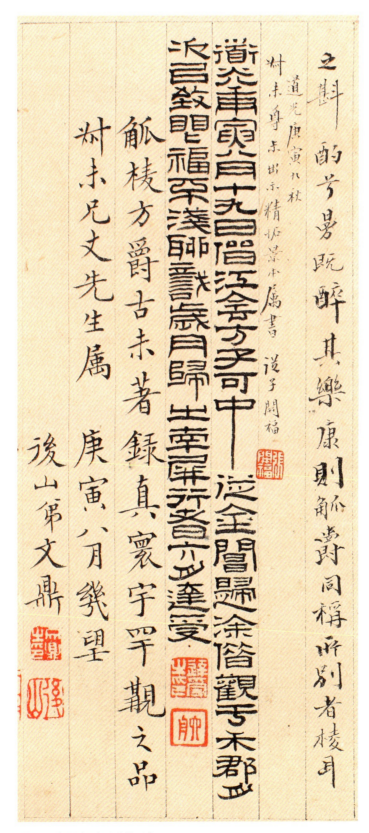

图 70 者𡢁爵全形拓六舟等观跋

就一定会有组合,才能成"全形"。早期的分纸拓全形未能寓目,不知其详情。从清仪阁藏器的 6 件拓本来看,整纸拓全形在信息表达和组合之间,以前者为主。比如爵的器腹及其纹饰,流和尾及其连接的弧度,柱、鋬和足都有拓及,按原器相应体现在纸上,"修短纵横不爽分寸"就好。最为典型的例子,就是那件仲隻父簋(周仲凫父敦)拓本,在尽可能地组合了器腹拓(含拓器口沿、拓器腹及纹饰)、圈足拓(含拓圈足上的纹饰、器足底圈),以及两耳、垂珥拓,构成了簋的全形,按后来的作法,应该再加一条背面的口沿弧线就可以算完工了,但拓者就是没有这样做。不是那条口沿难以制作,是觉得无须多此一举了。又比如者㛾方爵的鋬,只是在器腹中间纸空处拓出,明显不在位置,但行家一看就懂,是不会搞错的。

然而,学绘画出身的六舟对此就不会满意。浙江博物馆藏有六舟在道光十六年拓程洪溥藏周和钟全形,作(绘)出了仰视才能见到的背面口沿,完成了全形。(图 71)[22] 其实《清仪阁》第一册还集录了 3 件钟的 4 枚拓本,都是整幅钟面再加拓钟钮,但都没有表达背面的器口,这大概也是容庚没有将它们计入"全形"的原因。

六舟所拓的钟,是有名的"子璋钟",春秋晚期器,传世的同铭钟共有 8 件。[23] 现在知道子璋钟有 3 件在上海博物馆,其中 1 件为张廷济原藏,《清仪阁》集录了这枚钟的正反两幅拓本。还有 1 件在台北"故宫",其余的流入海外。8 件钟的形制并不一样,现在所见的子璋钟都是直长钮。(图 72)从《殷周金文集成》等著录的铭文拓本来看,子璋钟有两件钟的于(向下的口沿)弧较缓而近平,但是均已流失不知所在。六舟所拓的这件子璋钟,恰是其中的一件。现在的著录书只著录有铭文拓本及下面连带的于边,而六舟的这件"全形"拓出了钟的整面和透雕龙纹的复钮,是春秋晚期典型的兽钮阔腔有枚有铣青铜钟的形制。"全形"表达和传播

周𪭢鐘榮識

木厂大居士長物道光丙申伏日揮汗拓任

六舟曾昱菱芹題於銅鼓齋

图 71　六舟拓子璋钟全形轴

图 72　上海博物馆藏子璋钟

图 73　鼃公𢼸钟全形拓（国家图书馆藏）　　图 74　上海博物馆藏鼃公𢼸钟

器物信息的重要性又再次得到了证明。

六舟是聪明的，他作出了钟口以表示"全形"，用仰视角度表达立体感，并没有取俯视角度去表现子璋钟钟体顶面的舞。这种钟的舞面都有繁缛的纹饰，不仅增加了拓的功夫，更要紧的是不可能拓出纹饰的倾斜感，不能使其满意。比如所见未知拓者的鼃公𢼸钟全形拓，[24] 既要"就原器拓出"，在全形倾斜的舞面上就只能截取纹饰局部来表达，生硬割裂十分明显。（图 73—图 75）当然，六舟也有无奈的时候，比如他那件《剔灯图》，为了展示灯盘背面的铭文，各拓了一正立和一倒置的全形图。灯盘是正圆形，但是拓图表现为两端成锐角的侧视，正置的灯盘更显狭长，类似枣核。根本的原因，是铭文沿灯盘弧度錾刻，字又多，平面所拓的铭文，表现在侧视的灯盘上，又不能任意改变铭文的连续和器物的尺寸，于是只能处理

图 75　虢公戟钟舞面

成锐角。(图76—图77)这也是一种因为主要信息而牺牲图像浑然、漂亮的选择。[25]然而,由于六舟的名声及其作品的示范效应,后人凡拓灯盘(包括拓周焦山鼎)全形,多有两端锐角的做法,似乎成了一种循例。[26]

其二:初具立体表现,但较为粗疏。早期的全形拓尽管以表达器物信息为主,但既然是表现器物的,那就一定要展现整体,有器物的立体表达。以清仪阁藏器6件拓本来看,整纸分多次拓出器的各个部位,除簋体似划有样线外,其他均没有预先画出样稿(画样稿在后来的拓制过程中是明确的,不少还能清楚地看出预画的样线)。从拓本的效果来看,应该还是预先作有规划的,器物整体构形是准确的。其次,一些布局处理,比如爵的足和柱,近长远短,符合人眼观察的透视原理。那件者婣方爵,器腹微侧,在正面扉棱的侧边,露出可见的侧面扉棱和少许的腹部纹饰,且侧面显露的扉棱要稍短于正面。这些都是展示"全形"立体感的表现方法。但是,此时的全形拓还有不少粗疏的地方,即所谓"不甚工",主要有两个方面:

一是规划不严密,执行不到位。前已述及的簋的口沿不完整,就是明显的例子。另外如簋两耳上端与器身有较大的脱节,拓制也模糊不清。圆爵的流、尾深度是通过拓出其侧面的多少来表现的,但是除流部表达尚可外,尾部就比较差,当然这和爵尾一般较浅,表达困难有关。四件圆爵虽然可以大致看出前三爵是直腹,第四件是鼓腹,但是器腹究竟要拓出多宽,没有明确的规划,或宽或窄,且边缘模糊,应该是没有草图约束的缘故。而且第四爵的腹部纹饰,在分拓时(由于中间有鋬,所以必须分别捶拓)没有注意对齐;鋬的捶拓也没有完善的设计,有的明显就是在原来所拓器腹和纹饰上的再次捶拓,可以看出下面叠压的拓痕。这些都是没有事先打出草样的明证。所谓执行不到位,还包括圆爵器身由于弧度的缘故,留下了诸多褶皱的痕迹。再看者婣方爵,较前面的几件圆爵全形拓要晚,明显

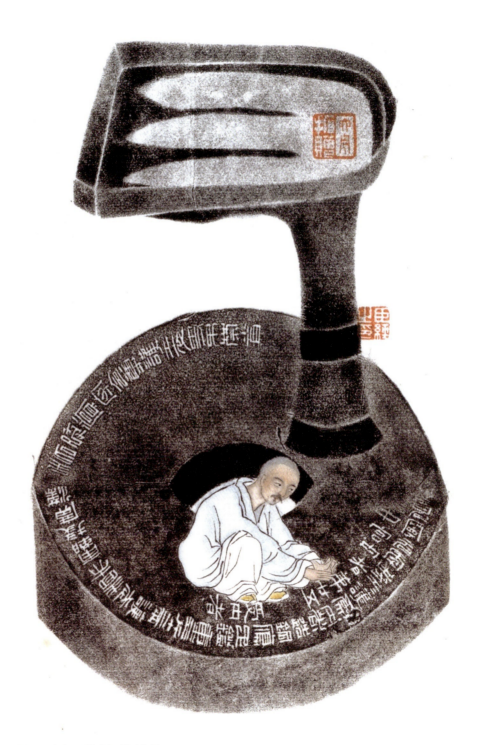

图 76 六舟《剔灯图》倒置全形

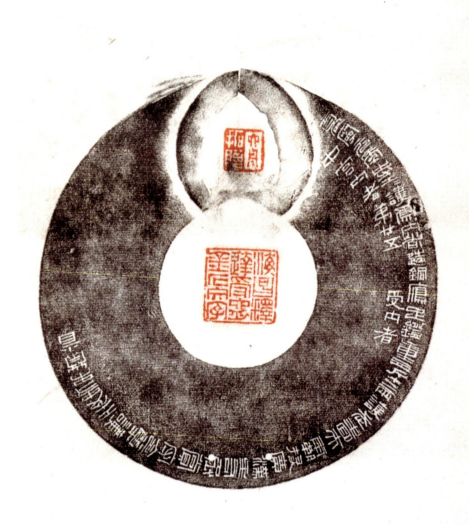

图 77 六舟竟宁灯铭拓

图 78　《欧米蒐储支那古铜精华》者娴爵

进步了，但仔细察看拓本，仍不见草图划线，各次所拓部位间折纸痕及墨痕明显。对照者娴方爵的照片，还会发觉器身颈部的收窄表现不足，以及器身扉棱的出戟表现不足等造型上的缺陷。（图78）其实六舟早期拓本恐怕也有规划不严和粗疏的情况，如浙江省博物馆藏《阮元藏器三种全形拓本轴》，其中叔朕簠的口沿纹饰就叠在了旁边齐侯罍（洹子孟姜壶）拓本的器腹上面。这件立轴的拓本时间不明，但应该反映了六舟早期的拓本面貌。（图79）

　　二是技艺发展所限。预先构划草图，并且勾画准确也是技艺问题，但这多少和制作者个人的技艺经历、基本素养相关。比如六舟，史传他"以灯取形"所以造型准确，这和他的艺术准备和才智有关。然而某些专项技艺的形成，却需要经过专业制作的历史积累。比如制作爵全形拓有着怎样

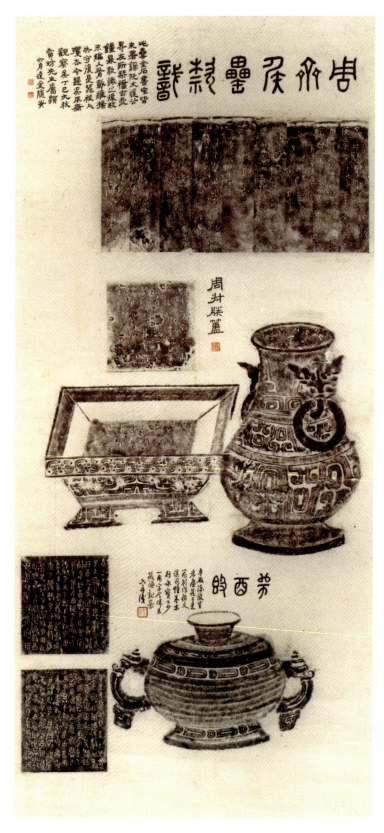

图 79　六舟拓阮元藏器三种全形拓轴

图 80　六舟拓陶陵鼎全形

特殊的方法？周佩珠《传拓技艺概说》这样写道：

> 拓爵须把三足放在合理的位置，还须将把手放置正面稍侧……但把手有铭文的须拓出视线能看见的那部分。具体拓法是等整器形拓完后，在拓纸留有的把手处按弧度大小剪开，上纸上墨。在另一小张纸上将器物的全文拓好，粘于图形的上端。拓角、斝的立体图形与爵相同。[29]

因为爵的铭文大多在鋬的下面，正面看去刚好被鋬所遮挡，稍稍侧转爵身就可以看到露出的部分铭文，和稍呈弧形的鋬。在弧形的鋬拓下面拓出部分铭文，完整铭文则另外再拓。就如青铜鼎全形拓本的处理方式：鼎口拓露出的部分铭文，完整铭文另拓。对照来看，清仪阁藏爵拓本的处理方式无疑是初期的、不成熟的。圆爵都没有侧转，为了方便拓铭文，剪开了拓纸，但是展示完整铭文就无法放妥鋬拓；第三爵采用铭文另拓，剪开纸拓鋬正视图的方式，但是开纸太大，鋬的四周出现了宽阔的留白。这些现象揭示了早期全形拓的探索，恐怕也是不同拓手的尝试。

其三：以"拓"为主，少修饰。从清仪阁藏器拓本来看，基本都是用捶拓的方法制作，不见有修饰的痕迹。所谓修饰，是指用墨扑或者毛笔对捶拓的部位作修弥，既指对捶拓缺陷的修补，又是指对捶拓无法完成的部位，如捶拓的边缘区域、斜面纹饰、某些深陷部位，及一些细节等处的补足。前面对清仪阁拓本缺陷的分析已经清楚地显示出来。既然是缺陷，那就是进步的方向。所以除了规划精细、勾画准确、执行细致以外，一定程度和范围的修弥也是必需的。作为对比，六舟《剔灯图》对灯盘等所作的处理，就有修弥。再看其道光十九年（1839）作的西汉陶陵鼎全形拓。（图80）[30]这件鼎没有纹饰，鼎腹錾刻铭文一周，鼎盖也刻有15个大字和4个小字的铭文。从铭文可以知道是西汉时置放于隃麋县陶陵的供厨鼎，"供厨"是专供祭祀的机构，所以全称可作"隃麋陶陵供厨鼎"，省称"陶陵鼎"。陶陵鼎原为阮元所藏，后来送到焦山寺，与无叀鼎一同置放在海云堂。六舟及后来多人都有拓制陶陵鼎的全形图。六舟所作的这件全形图，用两个鼎形来显示一周的铭文，也配套拓了两个盖。整件制作，除正面盖上的一枚钮侧置以显示铭文外，整体感觉造型准确，浑然圆润，墨色浓淡适宜，透视表达也十分明晰，显示了六舟高超的绘图功力。吴式芬所谓"肖形绘影，无弗工也"。[31]结合六舟所拓制的其他器物全形图，应该可以看出，此鼎除铭文是"就原器拓出"外，整器应该就是用墨扑和毛笔绘制出来的。事实上，就是铭文也根据整体浑然的需要做了修弥，甚至盖上的铭文排列都做了更动，由原来的三列改为两列。晚清焦山僧鹤洲也几次拓过这件鼎，鼎盖上大字铭文都是作三列的，但小字的位置还是改动了。（图81—图82）[32]六舟后来把这件全形拓送给了妙诠和尚，阮元应妙诠之请，题端并跋：

> 元昔以西汉定陶鼎置之焦山，与周鼎同处。道光己亥（1839），金石僧六舟在焦山精拓此卷，足见全器之形……[33]

阮元所赞只是"足见全器之形"，对铭文的更动是否有点芥蒂？[34]

六舟对拓本的修饰功夫极高。举一个确例。东汉刘梁碑在清嘉庆初年被发现时已被凿改为建筑构件，中央有穿孔。上海图书馆藏有一件《刘梁碑残石》的拓本，六舟原藏，又于道光丙午（二十六年，1846）将此拓本转赠给潘祖荫之父潘曾绶，拓本上存有潘祖荫（伯寅）的藏印。六舟在拓

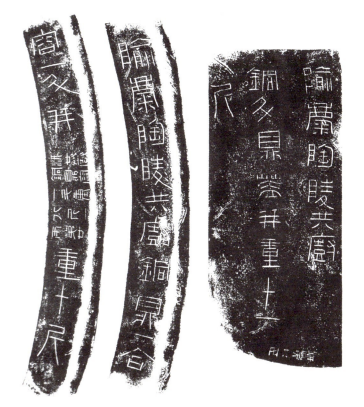

图 81　陶陵鼎铭文拓本

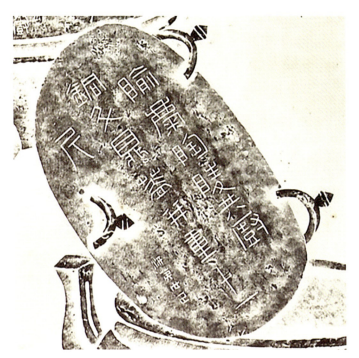

图 82　鹤洲拓陶陵鼎全形局部

图 83 刘梁碑残石拓本及六舟颖拓碑侧

本的两面穿孔留白处题诗,并作此碑来历及赠送"绂庭(潘曾绶)先生"等内容的跋记。在题跋结尾处,又补题道:(图83)

  余藏是碑末缺"岁在辛酉三月十五日"一行,为俗工所佚拓,今颖拓补装于后。受又志。

发表拓本的仲威作了如下评点:

  所谓"颖拓",即用毛笔绘制(皴擦)出拓本的效果,并非从碑石上拓出,它虽亦属于传拓门类的一种样式,但似乎亦兼有绘画属性。

  六舟补记所云"碑末缺岁在辛酉三月十五日一行",此行文字其实就在《刘梁碑残石》碑侧之上。笔者初观之,丝毫没有觉察到碑侧拓片的"异常",唯稍感墨色不一,以为非一时所拓耳。今观六舟补题所云"颖拓补装于后"一语,顿时肃然起敬,以为"神功",倍感六舟颖拓技艺之高超绝伦。[35]

注释：

〔1〕 张廷济：《清仪阁所藏古器物文》第一册，商务印书馆影印本，1925年，第19页。

〔2〕 容庚：《商周彝器通考》，上海人民出版社，2008年，第134页。

〔3〕 王国维：《桐乡徐氏印谱序》，《观堂集林》卷六。

〔4〕 张廷济：《清仪阁所藏古器物文》第1册，序，商务印书馆影印本，1925年，第1页。据西泠印社2015年春拍金石碑帖专场第317号《张廷济旧藏钟鼎彝器款识册》褚德彝己未年（1919）跋语称：所见张廷济集古器款识册"有两编，每编十册，其一藏贵池刘聚卿（刘世珩）处"，另一即桐乡徐钧所藏的这十册，"其余零星小册……亦复不少"。

〔5〕 陈继揆整理：《簠斋鉴古与传古》，文物出版社，2004年，第12页。

〔6〕 陈继揆整理：《簠斋鉴古与传古》，文物出版社，2004年，第67页。

〔7〕 容庚：《商周彝器通考》，上海人出版社，2008年，第145、146页。

〔8〕 六舟：《宝素室金石书画编年录》下，《石刻史料新编》第四辑（十），新文丰出版公司，2006年，第378页。

〔9〕 参见王屹峰：《古砖花供：全形拓艺术及其与六舟之关联》，《中国国家博物馆馆刊》2015年第3期。惟该文称此拓作于"道光十七年"，是题跋的年份，实为"去岁拓"。图像见西泠印社编：《吉金留影——青铜器全形拓摹拓掇存》，上海书画出版社，2014年，第128、129页。前述道光十四年的《焦山周鼎图》为绘图刻版而成，另有一些六舟拓本具有早期特征，但未知制作年份。

〔10〕 见翟显长：《曾经的毕邑教育世家》，《毕节晚报》2017年12月6日，第4版。

〔11〕 六舟：《宝素室金石书画编年录》下，《石刻史料新编》第四辑（十），新文丰出版公司，2006年，第378页。

〔12〕 六舟曾作《剔灯图》一批，小像殆均由陈庚所绘，惟非每幅皆有题及。2009年嘉德秋拍3201号"汉竟宁雁足灯全形拓——六舟剔灯图"，其上有六舟识于"庚寅（道光

三十年，1850）"的自跋，除述及收藏源流及剔字过程外，又记"陈君月波为余作小影于上"。上海图书馆藏有一《六舟剔灯图》，有六舟自题及所撰《寺字考》跋文，未及绘者。卷轴外民国汪大铁题签曰："六舟金石僧手拓雁足灯并自画小像。"见仲威：《纸上金石——小品善拓过眼录》上册，文物出版社，2017年，第58页。

[13] 张廷济：《清仪阁所藏古器物文》第一册，商务印书馆影印本，1925年，第28页。

[14] 张廷济：《清仪阁所藏古器物文》第一册，商务印书馆影印本，1925年，第35、36页。

[15] 张廷济：《清仪阁所藏古器物文》第一册，商务印书馆影印本，1925年，第27页。

[16] 《殷周金文集成》（修订增补本）第6册。梅原末治：《欧米蒐储支那古铜精华》一·六三（饕餮纹方爵），山中商会，1933年，第5319、5320页。

[17] 容庚：《商周彝器通考》，上海人民出版社，2008年，第290页。

[18] 西泠印社编著：《吉金留影——青铜器全形摹拓捃存》，上海书画出版社，2014年，第3-11页。浙江省博物馆编：《六舟——一位金石僧的艺术世界》，西泠印社出版社，2014年，第197页。

[19] 张廷济：《清仪阁所藏古器物文》第1册，商务印书馆影印本，1925年，第29页。

[20] 2016年5月，山东博物馆馆藏全形拓展，展出"者姁方爵"的另一件全形拓本，"钤印'嘉兴张庆荣稚春手拓'，张廷济题端"。图片编号11582584。具体传拓时间不明。张庆荣为张廷济二子，字稚春。

[21] 六舟：《宝素室金石书画编年录》上，《石刻史料新编》第四辑（十），新文丰出版公司，2006年，第372页。

[22] 浙江省博物馆编：《六舟——一位金石僧的艺术世界》，西泠印社出版社，2014年，第25页。

[23] 除《殷周金文集成》著录的7件，其中两件合1篇铭文（00113-00119，中华书局2007年修订增补版，第108-117页）外，巴纳、张光裕的《中日欧美澳所见所拓所摹金文汇编》又著录了1件，见该书著录第153号，卷三，第四册，艺文印书馆，1978年，第232页。

〔24〕 北京图书馆编:《北京图书馆藏青铜器全形拓片集》第1册,北京图书馆出版社,1997年,第18页。

〔25〕 以上海图书馆藏六舟拓"西汉竟宁雁足灯"铭文拓对照可知,六舟为了照顾图像的平衡,还是挪动了铭文和灯柱杆的位置关系。铭文拓见《六舟——一位金石僧的艺术世界》第53页。

〔26〕 存世陈小鲁于道光二十三年拓的《汉建昭雁足灯拓本》,一为盘底铭文正圆形的拓本,另一为灯体正置的全形拓,灯盘仍作两端锐角如枣核状。参见《吉金留影——青铜器全形拓摹拓掇存》,上海书画出版社,2014年,第111-127页。

〔27〕 照片采自梅原末治:《欧米蒐储支那古铜精华》一·六三(饕餮纹方爵),山中商会,1933年。无论如何定性,梅原氏著录的爵,在造型、纹饰及铭文等均表现出与张氏藏爵的一致性。在未见后者的情况下,前者可作参示。

〔28〕 图像见《六舟——一位金石僧的艺术世界》第23页。

〔29〕 周佩珠:《传拓技艺概说》,人民美术出版社,2004年,第81、82页。

〔30〕 《六舟——一位金石僧的艺术世界》第32、33页。

〔31〕 六舟:《宝素室金石书画编年录》序,《石刻史料新编》第四辑(十),新文丰出版公司,2006年,第359页。

〔32〕 铭文拓本采自孙尉祖、徐谷甫:《秦汉金文汇编》图版147号,上海书店出版社,1997年,第104、105页。

〔33〕 《六舟——一位金石僧的艺术世界》第33页。

〔34〕 所见李锦鸿、鹤洲及不知名者陶陵鼎全形拓本,鼎耳与六舟所作的耳形稍有差异,黄士陵所作绘本的耳型更是大异其趣。亦可证"皆就原器拓出"之不实。

〔35〕 仲威:《〈刘梁碑残石〉金石僧六舟跋本——嘉道时期"传拓"技艺的巅峰之作》,《艺术品》,2016年第4期,第83页。

第二节　吴大澂藏铜器全形拓本的讨论

吴大澂无疑是晚清金石学史上的一位重要的人物。作为青铜器收藏大家，吴大澂与陈介祺、潘祖荫同时而稍晚。作为研究者和鉴定家，吴大澂与王懿荣、陈介祺最相投契。特别是与陈介祺，他们虽未谋面，但是信札交往频密，恰是从金石开始，又贯穿始终。吴大澂致陈介祺的信中称：

古文字之好，不乏同志，惟长者与大澂为最笃，声气应求，不谋自合。[1]

又信讲到：

海内真知真好，唯长者一人，知我者亦唯长者一人。廉生真好而所见有出入……[2]

陈介祺对吴大澂的评价和期许也十分高。"前篇"已经提到，在对待大盂鼎真伪问题上，陈介祺极为赞许吴大澂的意见。大盂鼎入京归潘祖荫后，又对所见到的大盂鼎拓本表达了种种不满，甚至想到了最好由张聋去拓，张为山东著名拓工，脾气乖张，又不专属陈介祺，此事大概也只是想想而已。[3] 又在致王懿荣信中，提出是否可请胡义赞（石查）来主持传拓大盂鼎。[4] 此时在光绪元年（1875）年初，潘祖荫到手大盂鼎才两三个月，吴大澂还在陕西任上辗转各地督学。胡义赞，字叔襄，号石查、石槎，河南光山人，同治十二年（1873）举人，曾任海宁知州；精书画，善石刻，富收藏，著名古钱币家。现光山净居寺还保存有胡氏游寺碑刻两块。胡义赞长于金石考证之学，又擅长刻印及金石传拓，享有盛名。（图84）[5]

吴大澂致王懿荣信讲到做吉金图录书：

吾辈所见吉金，将来汇成一书，必得详审精选，不为识者所笑。不见原器不刻，图工而说少，亦藏拙之道也……绘图究竟费力，无事时日绘一器，此兄精神所结，他日当与石查拓本并传。一笑。

图 84　胡义赞拓《汉玉冈卯》

直到吴大澂离任陕西后，光绪四年二月，陈介祺仍致信吴："盂鼎求手自精拓……为要。"[6] 吴大澂绘图及传拓水平为当时公认。尽管公务繁忙，仍勤于绘拓，他致陈介祺信中虽多次表示非精拓、手拓不好意思奉呈，但动辄寄出数十份。光绪二年（1876）"孟秋十二日"致陈信：

> 敝藏镜七十余种……手拓一分寄上，秋凉必有以报命……兹检呈方鼎拓、周悫鼎拓、亚形鼎拓、子抱孙父丁彝拓各十分；又石刻周悫鼎图一；父癸毁、父辛毁、▆毁、父丙鼎各一，新得趠尊至精，器小字多，并呈审定。刻样四纸附上……

其中"趠尊"器形小，现或称作"趠觯"。根据此信我们还知道，师眉鼎（旧称悫鼎，吴大澂又称微子鼎）做过石刻图，可能是全形图。吴大澂自己讲过"能摹而不能刻"[7]，但是器形图应该是由他本人所绘。吴与友朋信又多讲到雇工刻板、摹铭文以刻木版等，那是主要为印书作准备的，"刻样四纸"云云，即此之谓。

吴大澂的铜器拓本应该很多，但时至今日已是珍品。其椎拓的铜器小品如《新莽虎符》，纤毫毕现，浓淡相宜。（图85）吴氏自己特别珍爱这件虎符，他在给陈介祺寄送拓片时就专门做了说明：

> 兹拓寄二世诏版十分，新莽虎符、龙武军龟符、鹰扬卫龟符各五分。莽符涂金，易磨处金色磨去，字口内、花纹内金尚完好；有数字拓不显，又不敢剔。此舒制军旧物，去年欲借一观而不可得，与钱献之所藏武亭连率虎符制作悉合，不知钱氏物今归何处矣。[8]

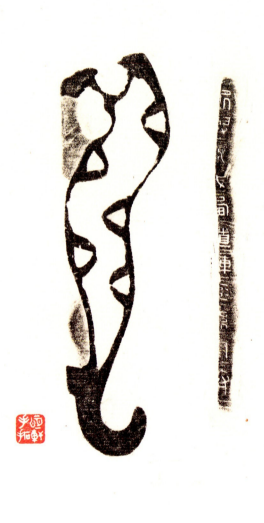

图 85　吴大澂拓《新莽虎符》

吴大澂还作铜器全形拓，如光绪三年（1877）七月二十致信陈介祺讲到：

▨白睘毁 曾手拓一全形，铃最难拓，恐伤其钮。

吴大澂曾在光绪二年（1876）冬天见到过这件隗伯睘簋：

去冬还里后……所见器以沈仲复师虢叔钟为第一，即张氏清仪阁物，至今尚未往拓……又见顾氏藏毁，文曰"▨白睘作宝尊彝，用贝十朋又四朋"。下有方座，座内有一铃，铃舌完好，有文（纹）无字，尤为仅见。[9]

这件隗伯睘簋十分特殊，方座底下带有一铃，摇振可闻铃声，和上海博物馆藏鄂叔簋方座带铃类似，确实罕见。（图86、图87）这件簋原是清宫旧藏，后被南浔顾寿藏收藏。顾寿藏，字子嘉，富商顾福昌之子，收藏家。吴大澂与顾寿藏多有交往，今存有吴大澂于光绪元年（1875）所绘赠顾氏的《溪山图》立轴，吴湖帆边跋：

光绪乙亥（1875）时公年四十一岁，方由陕甘学使御职时也……当时吴兴顾子嘉商榷吉金文字甚密。是图高旷独绝，亦徇知之作也。丁亥冬吴湖帆敬识。[10]

《西清续鉴》甲编卷12第39页录有隗伯睘簋线图。（图88）此器现藏美国堪萨斯纳尔逊阿特金斯博物馆（图89、图90）[11]但是吴氏的全形拓却不得而见。吴拓全形是怎样的，该拓本又是如何表现那只簋座下的悬铃，等等，令人遐想。不知遗珠可还有重光的时日？

一、窭鼎全形图分析

吴大澂在光绪二年（丙子，1876）四月四日致陈介祺信：

日前……有墨客自省中来，以一鼎索售，据云得自洛阳，文字至精……

图 86　上海博物馆藏鄂叔簋

图 87　鄂叔簋底座的铃

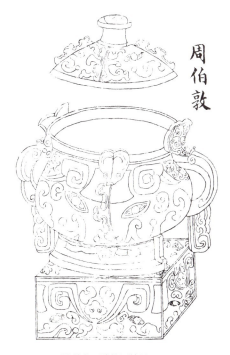

图 88 《西清续鉴》陈伯匽簋图

图 89 陈伯匽簋

图 90 陈伯匽簋铭文

有"周愙"字,有"帝考"字,疑为微子之器。

同日给王懿荣信中也详细地考述了这件鼎,并说:

> 兄以重值得此鼎,为所藏诸器之冠,自镌一印曰"汤盘孔鼎有述作",与是器正合。吾弟见之当为色喜。即以文字而论亦属精品,况为殷王元子之礼物耶?

吴大澂在题这件鼎全形拓时又提到:

> 是鼎为凤翔周氏所藏,其友人携至三原,余以百金购得之。又有一毁,与此同文,尚存周氏,余仅得其拓本耳。[12]

这件鼎就是前面提到的师眉鼎,因铭文中有"周愙(客)""帝考"字样,吴大澂考释为殷王帝乙之子"微子归周时所作器",定名"愙鼎",或称"微子鼎",十分宝爱,并改号"愙斋"。(图91)前面也已提到,吴大澂曾为此绘图刻石。吴氏藏器的全形图,今天尚能见着实物或影像的,恐怕就数这"愙鼎"最多了。我们选取如下几件稍作分析:(图92—图100)

1. 上海博物馆藏《愙斋集古图》下卷"微子鼎"(腹部右下角及足大部分被边上的"上官鼎"所遮掩,但器形及纹饰未受影响);[13]

2. 上海图书馆藏《吴大澂题鼎彝八轴》之六《微子鼎》;

3. 邹安:《周金文存》卷六后之卷二补遗影印《愙鼎》;

4. 顾廷龙:《吴愙斋先生年谱》图版八《愙鼎拓题(吴湖帆先生藏)》;

5. 刘汉基藏民国初年摄吴大澂题全形拓轴照片《微子鼎》;[14]

6. 2003年华辰春拍0257号黄士陵题绘全形图轴《周愙鼎》;

7. 2015年北京东方大观春拍0584号吴大澂款轴《愙鼎》;

8. 2016年北京东方大观春拍0525号《吴大澂拓愙鼎》轴(原轴画芯无题跋,上部铭文拓本左下钤"恒轩手拓"白文印)。

图 91　南京博物院藏师眉鼎

图 92 《愙斋集古图·微子鼎》

图 93 上海图书馆藏轴《微子鼎》

图 94 《周金文存·窭鼎》

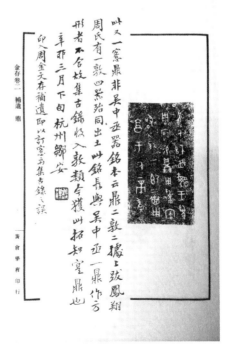

图 95 《周金文存·窭鼎》铭文

图 96 《吴愙斋先生年谱》图版《愙鼎》

图 97 吴大澂题跋轴《微子鼎》

图 98 黄士陵绘《周愙鼎》

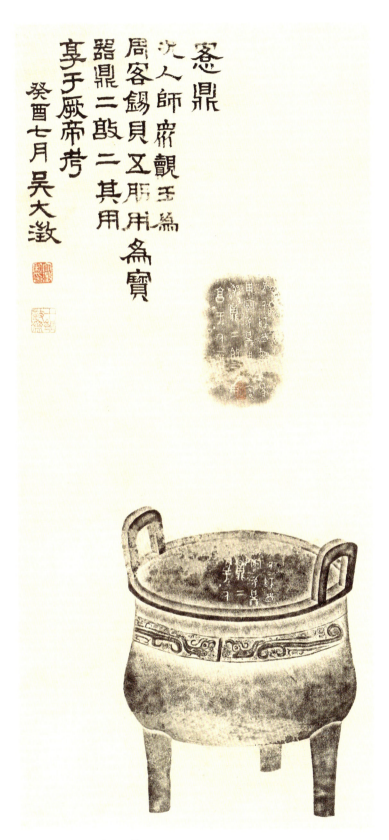

图 99　吴大澂款《悆鼎》轴

图 100　恒轩手拓师眉鼎铭文及全形图轴

以上 8 件，均为上部铭文拓本，下部器物全形的通行样式。2、3、4、5、7 例鼎腹内显现出部分铭文，而 1、6、8 例则无铭文。其中例 7 的立轴题有"癸酉七月吴大澂"跋款，显然是伪冒的，因为此鼎吴大澂见到、买下来的年份是光绪二年（丙子，1876）三月，而癸酉是同治十三年（1874），冒名加款人没有搞清楚；而且题跋、署款的字也写得差。有意思的是，此轴的铭文拓和全形拓不是出自一件器。铭文拓的是师眉簋（也称"窻簋"），吴大澂未见到这件簋原器，但得到过铭文拓本和全形拓。师眉簋今藏上海博物馆。师眉簋铭文与师眉鼎文字相同，但是排列为 4 行，而鼎铭为 5 行，所以簋铭显长而鼎铭近方形。集师眉簋铭拓与师眉鼎全形错配于一轴的情况，上列第 3 例的《周金文存》也是，看来并非是孤例。[15] 二者还有一个相同的细节，二者鼎腹内的铭文也都是截取簋铭的局部，呈四行排列。

师眉簋，除上面所引吴大澂题鼎跋文讲到"又有一簋，与此同文，尚存周氏，余仅得其拓本耳"之外，在获鼎同年的九月六日致陈介祺信中提到：

前得周窻鼎，尚有一簋，物主留簋售鼎，并其器不可得见，同好之中有见之者。近托人拓一全形。文似少逊，"宝器"作"囹"。然鼎字绿锈甚坚，不敢剔。拟再索拓数纸寄上。两美不得合并，亦一憾事。

除请人拓全形拓外，又提到了簋铭"宝"字的写法，而鼎铭此字因为有锈不清楚，铜锈很硬也不敢去剔它。与题鼎"'囹'，古'宝'字，下口为铜锈所掩，有同文之微子簋可证"的跋文恰可相互印证。信中还提到准备多索要几份簋的（铭文）拓本。师眉簋的全形拓图形今天还能看到。刘汉基藏吴大澂题跋全形拓轴照片中，就有一幅题作"微子簋"的，拓作风格与陕西岐山县博物馆所藏、署吴大澂题款的一组四轴全形拓相同，特别是其中同为簋的"作宝簋"簋全形拓。[16]（图 101—图 108）吴大澂"微子

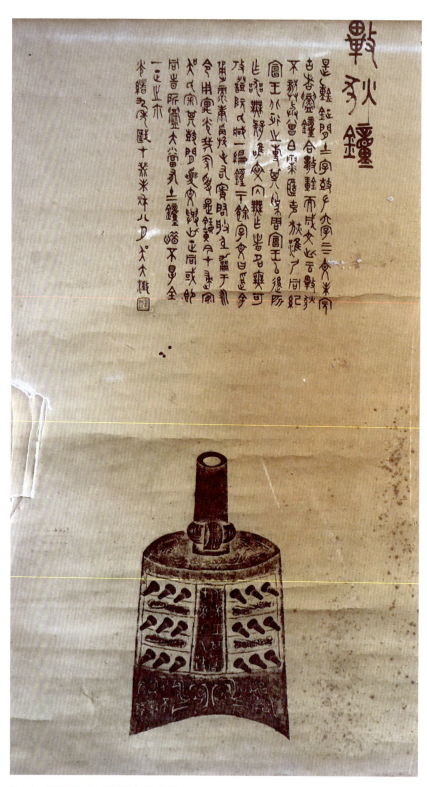

图 101　刘汉基藏吴大澂题跋全形拓照片 1

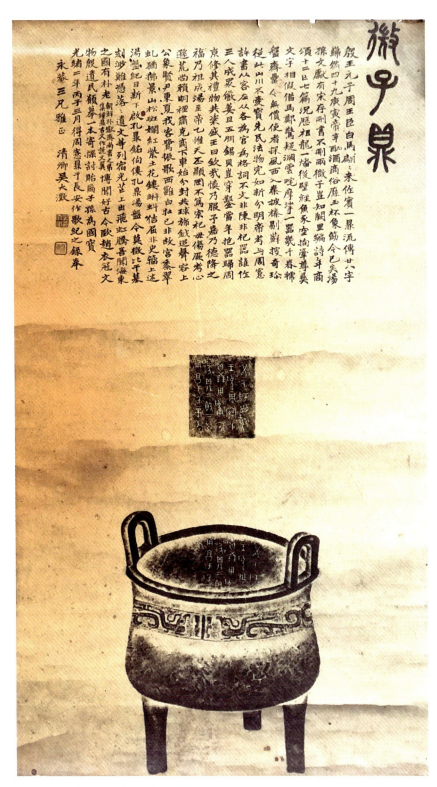

图 102　刘汉基藏吴大澂题跋全形拓照片 2

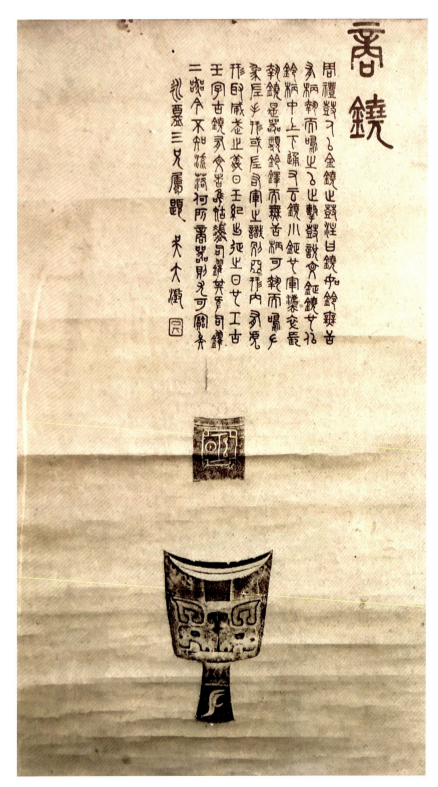

图 103　刘汉基藏吴大澂题跋全形拓照片 3

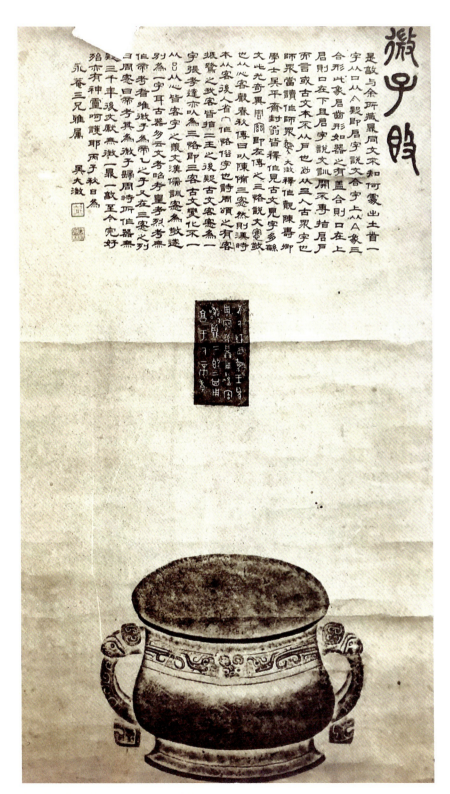

图 104　刘汉基藏吴大澂题跋全形拓照片 4

图 105　岐山博物馆藏吴大澂藏器全形拓轴 1

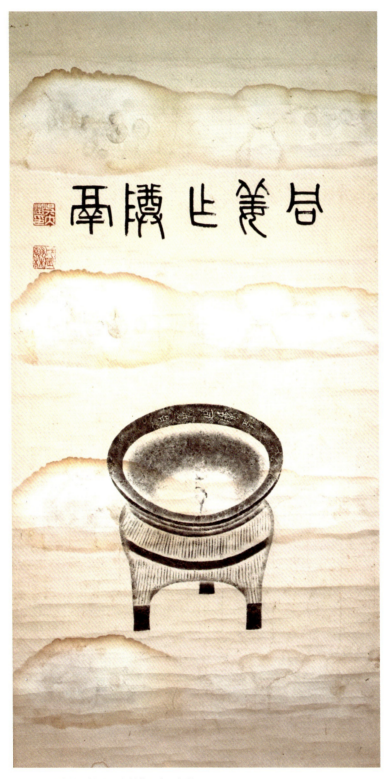

图 106　岐山博物馆藏吴大澂藏器全形拓轴 2

图 107　岐山博物馆藏吴大澂藏器全形拓轴 3

图 108　岐山博物馆藏吴大澂藏器全形拓轴 4

毁"跋：

> 是毁与余所藏鼎同文，不知何处出土。（以下考释铭文，与鼎铭同，略）……其为微子归周时所作器无疑。三千年后文献无征，一鼎一毁至今完好，殆亦有神灵呵护耶！丙子（1876）秋日为永庵三兄雅属。吴大澂。

"永庵三兄"，据刘汉基回忆，可能和陕西古玩商苏亿年有关。[17] 九月六日写信讲到已托人去拓全形，不久（"秋日"）就依嘱在全形拓上题字了，很可能这位"永庵三兄"就是吴大澂所托办之人。吴大澂应该还有自己的一本。

上举 8 例师眉鼎全形，例 6 明确是绘本："鼎身以明暗法绘出，口沿下部纹饰描绘得尤为细致，并用冷、暖两色金粉描金，黄士陵用西法画彝器，在当时艺坛被誉为一绝。"[18] 此外均为拓本。但是仔细辨别，例 3、例 7、例 8 可能都是绘图刻版本。例 3、例 7 腹内的铭文经对比，确实与簋铭相同，应该是取簋铭拓本的局部粘贴嵌合而成。例 8 腹内虽没有铭文，但可以看出腹内留有一块划出白线的区域，可能原来刻图的时候准备在此刻制铭文。结合上方"恒轩手拓"的铭拓，所以此件最可能就是前面吴大澂致陈介祺信提到的"石刻周窖鼎图"，由吴氏自己绘制监刻；另两件则是照例 8 翻刻的拓本，再配上簋的铭文拓，绝无吴大澂监作的可能。

8 例全形从鼎腹深浅和腹径比例的处理上看，例 2 腹深最浅，整个鼎的造型呈现为浅腹；例 1 和例 6 器腹稍深，与原器接近；其余 5 例的处理就更似深腹鼎，和《恒轩所见所藏吉金录》线图画作深腹恰相符合。（图 109）结合"恒轩"之图及石刻拓图来看，恐怕深腹的处理正是吴大澂绘制师眉鼎的造型特征。但是"恒轩"所绘线图比刻石图更为细致，绘出了纹饰带中间扉棱两旁的附饰花纹，主纹下方没有赘饰，还有能在当

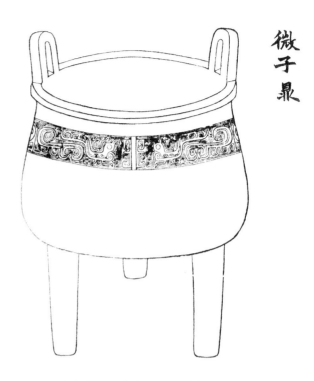

图 109 　《恒轩所见所藏吉金录》师眉鼎图

面一组花纹的两侧看见另两组花纹的局部，与照片最为接近。《石刻周窭鼎图》早在得鼎当年的七月份已经送出。也可能线图绘制的时间要晚些，所以观察和绘制表现就更为充分而准确。

就拓制技法看，除例 3、例 7、例 8 为刻版拓，例 6 为绘制外，另 4 例均为原器拓本，这里主要指它们的纹饰是"就原器拓出"的。腹内的铭文，例 1 没有拓出，例 2、例 4、例 5 均拓出部分铭文。经目验观察，例 1 为整纸拓制。例 2 为分纸拓，腹内铭文、器腹及纹饰，都是另外用纸拓好撕开，粘于底芯纸上，再修饰出鼎的耳、口及足等部位而成。从造型、表现风格和制作技法看，应该不是一人所为。例 4 和例 5，造型及表现风格完全一致，因为是照片印刷品，所以拓制技法无法细辨。但两件拓本的总体风格与岐山县博物馆藏 4 件拓本，以及刘汉基藏照片所见的师眉簋拓本一致。据岐山县博物馆徐永卫馆长告知，经过仔细观察，馆藏 4 件拓本都是整纸拓出，未见分纸粘贴的痕迹。

8 例中吴大澂的题跋情况也可做分析。例 6 是黄士陵自绘自题，可以不计；例 3 影印未见题款和钤印；例 7 伪款，原来也应该是无题款无印章的；例 8 无题款，铭文拓钤"恒轩手拓"印；例 4 原来裱轴上可能就是吴大澂题的"愙斋"二字，印作书的附页时，在左侧、下方及右下角分别加印了两段考释文字和"愙斋所得金石"白文印，取自《愙斋集古图·微子鼎》左下侧、上方两处的吴氏题跋和钤印；例2题跋3则，分别是：定为微子之鼎的简要考述、与簋铭的"宝"字作比较，以及前面引过的"以百金购得之"这样一段收藏记述；例1则是两段翔实的考述，比较完整地反映吴氏对此鼎的认识，可以和与友朋书及《愙斋集古录》考释对读；例5抄录了391字（含注文18字）的《愙鼎歌》，并附跋：

  光绪二年丙子三月，得周愙鼎于长安，作歌纪之。录奉永庵三兄雅正。

清卿吴大澂。

《愙鼎歌》，顾廷龙撰《吴愙斋先生年谱》作《愙鼎长歌》，没标出处。《愙斋诗存》题作《愙鼎歌》，下注："丙子三月得于长安"。例5《愙鼎歌》全文如下（各本不同之处加简注）：

  殷王元子周王臣，白马翩翩来作宾；一鼎流传廿八字，岿然四十九庚寅。帝辛酗酒商俗靡，玉杯象箸今已矣；汤孙文献有宋存，删书不删两微子。岂知阙里编诗年，商颂十二亡七篇；况历祖龙一燔后，壁经鱼豕空拘牵。尊彝文字相假借，马郑惊疑渊云吒；摩挲一器几千春，虢盘齐罍今无价。使者采风西入秦，[19]披榛别薛搜奇珍；[20]从此山川不爱宝，先民法物完如新。分明帝考与周愙，许书从客从各；为客为格词不文，非陈非杞器谁作？三人成众俨萋且，五朋锡贝岂穿凿？当年抱器归宗京，修其礼物共粢盛。王曰钦哉慎乃服，予嘉乃德降之福；乃祖成汤至帝乙，惟天丕显周不笃；宗祀毋伤厥考心，逖荒尚赖明禋肃。克商下车始分封，共球鈲钺追声容；[21]上公象贤尹东夏，我客鹭振歌西雍；[22]白牡已非故宫黍，翠虬犹拂景山松。斑斓红紫土花镂，蝌蚪佶屈非史籀；上述汤盘纪日新，下启孔鼎铭佝偻。孔鼎汤盘今莫徵，比干墓刻渺难凭；落落遗文等列宿，光芒上出飞虹腾。[23]吾闻海东之国有朴老（朝鲜朴瑊斋尚书之弟，集钟鼎古文作《说文翼》[24]），博闻好古今欧赵；衣冠文物殷遗民，愿摹一本寄探讨，贻尔子孙为国宝。

此本《窖鼎歌》最有价值的地方，在于可纠正《愙斋诗存》和《吴愙斋先生年谱》"共球饰钺"的讹误。斾，同旆。"共球旆钺"，典出《诗经·商颂·长发》："受小球大球，为下国缀旒……武王载斾，有虔秉钺。如火烈烈，则莫我敢曷。"说的是商王持着各式礼玉，为诸侯方国作表率……载着旌旗，威风凛凛地执着权杖，即所谓"共球旆钺追声容"。如果是"共球饰钺"，就不通了。

二、吴大澂藏器全形拓现存卷轴分析

吴大澂藏器的全形拓本，近年来有比较集中的发表或新发现，现就成卷或成组的全形拓作些对照分析。计有 5 种：

1. 上海博物馆藏《愙斋集古图》两卷，上卷 40 种（组）器，下卷 45 种（组）器；
2. 上海图书馆藏《吴大澂题鼎彝》8 轴，共计 24 种（组）器；
3. 苏平藏海外回购《吉金图》卷，计 21 种器；[25]
4. 香港范甲藏《黄士陵题吴大澂藏器拓本》4 屏，计 8 种器；[26]
5. 陕西省岐山县博物馆藏《吴大澂藏铜器全形拓》4 轴，4 种器。

上博藏两卷，数量最多，反映吴氏藏器最为集中。2、3、4、5 四种总计 57 种（组）器，不见上博卷所拓器物的有 23 种 24 件，其中 2 种见于上博卷图绘而无拓本。

以下讨论主要从两方面展开：上述 5 种全形拓卷轴的拓手和拓制时间

的分析，以及后 4 组中上博卷未收器（拓本）的著录情况。

关于拓本作者，5 种中明确是尹伯圜所拓的有第 3 和第 4。尹伯圜，又自署元鼒，山东诸城人，从光绪十一年（1885）到光绪十五年（1889）前后，一直在为吴大澂做传拓工作。[27]

先看第 3《吉金图》卷，除有吴大澂原题签注明"尹伯圜手拓"外，卷后褚德彝"光绪三十有一年（1905）夏五月"跋：

> 吴县吴愙斋中丞收藏三代彝器精博绝伦。当时抚粤，幕客山东尹伯圜抚拓吉金全形最工，此卷即尹所手拓也。吴氏所藏，自中丞卒后斥卖不遗，诸器率归他氏。今幸此卷尚存，犹得略窥。洵乎金石之寿，不如纸素矣。

吴湖帆"戊寅（1938）春仲"跋：

> 曩时先尚书公属尹伯圜所拓。吉金图五卷，家中今只存三卷。今于友人处假读此卷，则五卷中已得其四矣，尚有一卷不知更流落何所也。虽物有聚必有散，此中因缘不可强也。读前褚松窗文三十年前一跋，云中丞故后，斥卖不遗，诸器率归他姓，不知文当日何所见而云然，抑吾家佚失器，松文所见特多？率意理测之论乎……甚矣，考古之不宜遽论于耳食也！

二跋都说是尹伯圜所拓，但褚德彝更明确指称是在吴大澂任广东巡抚（"抚粤"）时所拓。吴湖帆对褚跋"吴氏所藏，自中丞卒后斥卖不遗，诸器率归他氏"的说法很不满，认为褚氏没有亲见，是"耳食"而已，考据之事，最不宜随便下结论。虽然此卷流落"他姓"确是事实，藏器转卖也是事实，下面会有提及；但此卷所谓"当时抚粤……尹所手拓"是否确实呢？

下面我们分析一组文献的时序，和拓本的实际情况进行对照，来探究上列拓本的拓手及大致的拓制先后。

吴大澂光绪十二年（1886）二月初四日致尹伯圜信：[28]

> 伯圜大兄阁下，别后半月有余。途中书《论语》十四叶，后序二叶，已函寄上海补印。又将《说文》所引《论语》三十六条，间有辨证之处，附录于篆文《论语》之后，约计此书本月必可印齐矣……昨至沈阳，因将拓本取出，预备题字考释，而阁下所粘有不甚合式之处，请与阁下一论之……
>
> 阁下无事时，望将敝藏古器再拓全形一二十种，将来可装第二卷。其器即属许铉检出可也。[29]

信后又附吴大澂所书"以上已拓三十器"的清单一份，以及嘱尹"再拓"的器物清单。陈郁近期著文发布了这两张附单。[30] 这两张清单，对于我们的讨论十分重要。为方便讨论，下面以"已拓"所录三十器者称"清单一"，以"再拓"所录"一二十器"者称"清单二"，上海博物馆藏《窓斋集古图》省称"上博卷"，上海图书馆藏《吴大澂题鼎彝》八轴省称"上图轴"，《吉金图》卷省称《吉金图》，《黄士陵题吴大澂藏器拓本》四屏"省称"范甲藏轴"，岐山县博物馆藏《吴大澂藏铜器全形拓》四轴省称"岐博轴"。

吴致尹此信前面所述的内容，可以和吴大澂1886年初赴吉林勘查中俄边界的日记《皇华纪程》对读：

> 正月十七日，由天津启程……书篆文《论语》一叶。前在天津寓所，书篆文《论语》上半部，已交上海同文书局石印。下半部已寄去四十二叶，尚有十余叶未竟，故于途次补书之。[31]

以下除该月二十日及二十一日没有书写外，每日一叶、一叶半或二叶，至二十七日记"书篆文《论语》一叶毕"，恰好"十四叶"。二十九日"撰篆文《论语》后序一篇"；三十日"书篆文《论语》后附录《说文》所引《论语》各条";二月一日"书《说文》引《论语》各条"。途中一路书写过来。

  （二月）初三日，辰刻，恭谒昭陵。巳刻，至奉天省城西门外关帝

 庙东实胜寺……进城，住南门内同升店。

  这就是前面信中说的"昨至沈阳"。所以此信为1886年"二月初四"所写，是没有疑义的。这样，此信所附的"已拓"和要求"再拓"的清单就有了清晰的时间定位。

  将"已拓三十器"清单与今藏上博的《愙斋集古图》拓本核对，可以发现，就是上博下卷的起始17件，和上卷起始的13件（含两件"宗妇方壶"），不但顺序几乎完全相同，而且上下二卷中，恰巧也只有这30件器拓是由吴大澂亲笔题名，并有或考释或简述来源等跋记；其余器拓都只有吴湖帆1936年补题的器名（下卷吴湖帆跋："丙子（1936）三月补识器名"）。于是引出了"重新做过装裱"、原卷（三十器）被"被吴湖帆一分为二"的推断。[32]

  上引吴大澂信，是他到了沈阳后给还留在天津的尹伯圜写的，此时尹氏为吴拓铜器（拓铭文，也拓全形）已有七八个月了。[33] 按此信的说法，"再拓"的可以装为"第二卷"，那么前"三十器"就可称为第一卷。这一卷被分装为今天所见的《愙斋集古图》下卷前半段，和上卷前半段的推断，是正确的。不仅从它们和现存二卷后半段截然不同的面貌可以得知，而且其与"已拓三十器"清单上的器名顺序精准地一致。还可以推知：吴大澂是按照随身携带的全形拓"成卷"抄录了这份清单。作为对照，十分有意思的是，清单二中不仅出现了"爵斝拓三四器""觚、觯拓二三种"等让尹氏自行掛酌的或然性指示，而且还将"叔男父匜"误记为"伯男父匜"，可证这些器或拓本不在身边。吴氏随身带着全形拓卷去的吉林，可以从《皇华纪程》里找到证明：

(1886年七月)十四日……题全形拓本五种……

(八月)十六日……题全形拓本二种。

二十一日,题全形拓本十三种。

吴大澂九月中旬完成全部的勘界任务,回到天津。就《皇华纪程》记录来看,只题了20种全形拓本。不知是原来就有部分已经题好,还是后来再题写齐全的。按吴大澂日记和书信的习惯,不仅"题某某"器即是指题写某某铭文(拓本)的器名,而且"拓本"和"全形拓本"也区别得很清楚,前者就是指铭文拓本,不会兼及全形拓本。事实上其对铭文的重视还是第一位的。

再来分析"已拓"和"再拓"。尹为吴拓金石,应该还是以拓铭文为主。吴大澂与尹伯圜信中着重讨论的大多均是铭文的拓制,以及怎样方便排版出书,得空暇("无事")时才考虑安排全形拓的拓制。吴氏此信开出清单二嘱尹"再拓"若干,不能解读为原"已拓"成的全形拓本就都是尹氏所作,否则也没有再开列清单一的必要。

仔细观察上博藏卷原件,发觉吴大澂题跋者,即所谓"第一卷",也就是清单一的30器,按拓制技法和用墨风格,大致可分为二类,下面依清单一的顺序(用上博卷原题)标注如下:

伯㠯簋、母癸鼎、象尊、鲁公鼎、上官鼎、微子鼎、季良父盉、析子孙父乙彝、太保鼎、师𩰬父鼎、福无疆钟、子璋钟、立戈父丁彝、女归卣、史颂簋、韩仲侈壶、芮公鬲、鲁伯愈父匜、鲁伯愈父簠、雍卣盖、宗妇方壶、宗妇方壶、唐子祖乙爵、父癸爵、考作父辛卣、龙节、子抱孙父丁簋、乡卣、乙亥簋、子申祖乙爵

先作说明:清单一"宗妇壶、宗妇壶",两件,所以书写两遍;上博卷"子申祖乙爵"在"唐子祖乙爵"之前,但是二爵的拓制做成流、尾互有叠压

的状态，可能吴大澂开卷抄录时遗漏，补在了清单的末尾。

　　以上器目中凡是用波浪线标出的，都用分纸拓法，用墨有晕染效果，器各部位交接处留白明显；其余的都是用整纸拓，墨色匀致，不留白或少留白。这些不同不仅仅是风格的差异，分纸拓和整纸拓还是技法传承和理念上的差异，是泾渭分明的。对照前述"尹伯圜手拓"的《吉金图》卷可以清楚地看出，尹是全部采用分纸拓的，所以以上清单一（第一卷）凡用波浪线标注出来的，确实是尹伯圜所拓，在整卷中占三分之一，这和他来为吴大澂做拓工时间还不长也恰相吻合。

　　综观今存《愙斋集古图》上下两卷，还发现总计85种（组）全形拓中，除上述10种为尹所拓外，其余75种（组）基本全为整纸拓，[34]竟然还没有一件可以确定为尹伯圜所拓。另外，85种（组）除去清单一30件（29种、组）器外，余下的56种（组）与清单二所列的器目相重合的，也只有"己祖乙尊""陆父甲角""趞尊"3种；另外清单二所谓"觚、觯拓二三种"之嘱，尹拓选的一件也重见于上博卷（尹拓《吉金图》中吴大澂题作"子执旟觚"，上博卷吴湖帆补题作"旟觚"，而且铭文拓与边上的"弓矢觚"铭文错换了）。这似乎揭示了这样一个事实即所谓嘱尹氏"再拓"的"第二卷"也不在此列。所以当《吉金图》卷面世以后，陈郁以清单二与其中器目的吻合一致，提出："显然，是卷即吴致尹手札中所言古器全形图之'第二卷'。"[35]陈郁对于清单二和《吉金图》关系的判断是正确的，但是要指出的是，吴信中所谓"将来可装第二卷"，和这"一二十种"就是"第二卷"并非同义。

　　上述"二月四日"信一年之后的1887年（光绪十三年）三月二十日，吴大澂给侄子吴本善的家书中写道：

　　　　沪滨握别，倏已五旬……任阜长画《集古图》如送来，亦交念敏转寄（润笔已送，尚有全角拓本手卷，存阜长处）。[36]

吴大澂于光绪十二年（1886）十一月授广东巡抚，十三年二月九日在广州接任，期间于除夕日至正月二十日，回到苏州省亲。任阜长即任薰（1835—1893），浙江萧山人，字舜琴，又字阜长，与任熊、任颐时称"三任"，为海上画派代表画家，晚年患眼疾致双目失明，病逝于苏州。上博卷上卷卷前为任薰所画吴大澂像及四周彝器环列的图卷，吴大澂题签："愙斋集古图，任阜长画，附装吉金全形拓本。"据题签可知，吴请任所画的《集古图》应该就是这样的面貌，全形拓本卷只是作为附列。大概在省亲期间，吴大澂谈妥了请画事宜，并预付了润金，提供了全形拓本的卷子以供任薰绘图参照。此信写于广东任上。后来又于四月、十月，直至次年（1888）四月多次写信，嘱咐家人收回全形拓手卷，并询问任薰绘图的进展情况。[37]

从任薰《集古图》所画的器物来看（吴湖帆在每件器上加题了器名），计见于清单一的21件，未见于两份清单而见于上博卷两卷所附拓本的8件，未见于两份清单也未见上博卷拓本的为"追毁"1件，未见于上博卷拓本而见于清单二的也只有"陈侯嘉姬毁"1件，总共31件器的图像。

结合上述家信可以获知这样的信息：1887年年初给任薰的参考拓本，除了清单一的"第一卷"外，还有其他的卷子，大概就是原存苏州的拓本卷子。吴大澂苏州家中也存有不少青铜器，在这年十月七日的家书中曾叮嘱：

　　家中所留古铜器，望属（嘱）许镕酌带十余件。大厅上所供大商尊，原来有匣，一并带下……[38]

所以这些原存的拓本，也有可能是由苏州的拓工所为。这些拓本还不是一时一人所拓。前篇已经分析过《万罍》的腹部纹饰经过多次拓，[39]但同样为整纸拓法的《邦毁》，却没有采用多次拓纹饰的技法，纹饰连着器腹一次性拓出，由于器形侈口收腹，所以拓纸展平托裱后，纹饰带呈向

图 110　上博卷《邦毁》拓本

下的弧形，与描绘修饰而成作向上弧曲的器口，形成了反向弧线的奇特效果。（图 110）与《万罍》拓本对比，可以清楚地辨明二者的不同。

我们可以获知的还有：尹伯圜清单二的拓制恐怕还未完成，所以吴大澂并未交给任薰；尹氏前半年多只完成了 10 件全形拓，1886 年二月接到清单二，1887 年初即随往广东，有空闲才做。如果可以确定的话，即《吉金图》的 21 件，没有完工也是很正常的。推想清单二的任务，在 1886 年就在执行中，携入广东继续进行。前引褚德彝跋所谓"当时抚粤……尹所手拓"，虽不算准确，但也相去不远。所以陈郁推论前引吴致尹"二月初四日"信要晚到吴大澂在广东任上，[40] 是没有必要的，也不符合二人同在广州的实际情况。

上图轴被发现并发表之后，论者多认为是尹伯圜所拓。[41] 陈郁对照了《愙斋藏器目》等文献以及吴大澂的跋文，指出 8 轴中《祖丁鼎》和《亳瓡》，"二器吴氏得之巡抚广东后期"，所以主张上图轴为尹氏拓于吴大澂巡抚广东后期或再稍晚。[42] 陈氏的推论是可信的。[43] 经目验上图轴，无论拓制技法还是用墨特点和风格，从上博卷的尹拓，到《吉金图》，再至上图 8 轴，一脉相承，确是尹伯圜所拓。而且似乎还可以看出这三者存在着逐级进益、臻于精熟的发展关系。下面举二例来说明：

例一：上博卷、《吉金图》、上图轴所见尹拓的 4 件匜比较。（图 111—图 114）

例一中的 2、3（图 112、图 113）均出于清单二，但从图卷顺序及用墨风格来看，图 113 要稍晚于图 112。

例二：上博卷《趩尊》拓本和《吉金图·趩尊》、上图轴《趩尊》拓本比较。（图 115—图 117）

上博卷《趩尊》拓本为整纸拓成，墨色匀整，口沿外翻，表现弧折的用墨较为生硬，这种情况在整个上博卷都比较明显，而其中尹伯圜所拓的要稍好些，图 116 就是这一情况的反映。图 117 则表现得更为纯熟，整器的写实性也更趋完美。（图 118）

上述讨论可以简要归结为：

第一，吴大澂 1886 年"二月四日"致尹伯圜信所附"已拓"的 30 件器清单，原来是完整的全形拓卷，赴吉林勘界时带在身边题名作跋，构成了今天上博卷下卷的前 17 件，和上卷的前 13 件。

第二，上述信所附嘱尹"再拓"的器物清单，成就了今天所见的《吉金图》卷，尹伯圜完成于随吴大澂任职广东期间（1887 年初至 1888 年 7 月）。

第三，上图轴所见全形拓本也是由尹伯圜制作，作于吴大澂任职广东后期或吴离任广东之后。

上列吴大澂藏器全形拓 5 种第 4 范甲藏轴，是尹伯圜赠予王秉恩的 4 幅条屏，计 8 件器的全形拓及铭文拓本，都没有题器名。在第一幅屏上尹氏有一段赠跋；黄士陵于每件铭文拓本下面书写了一段或释文或考释文字，

图 111　上博卷《鲁伯愈父匜》拓本

图 112　《吉金图·铸子黑臣匜》拓本

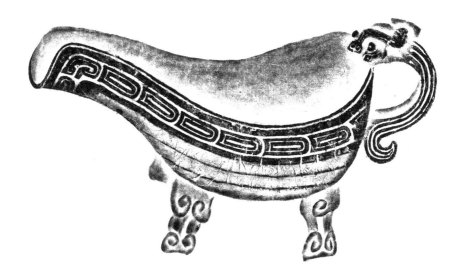

图 113 《吉金图·叔男父匜》拓本

图 114 上图轴《郑大内史叔上匜》拓本

图 115　上博卷《趞尊》拓本

图 116 《吉金图·趞尊》拓本

图 117 上图轴《趩尊》拓本

图 118　上海博物馆藏趩觯

或兼及来历的简述，于第四屏跋尾署了"辛卯四月"的记时。辛卯，光绪十七年（1891）。根据《看似寻常最奇崛：黄士陵书画篆刻艺术》一书所印拓本的影像来看，8件全形拓拓制水准大致处于《吉金图》和上图轴之间，推测拓制时间也大致是尹在广东期间。尹氏所题赠跋讲到王秉恩早就有作全形拓之嘱，但因为公务忙未能应命，只好将原来为吴大澂藏器所作的旧拓奉上。因为是"旧拓"，所以时间上或有先后。黄士陵的跋文，多半是应王秉恩之请而题作，所以尹赠王条屏的时间应该在1891年初或者更早些。

因为范甲藏轴是尹伯圜检"旧拓"重装而成的，再则尹氏的金石学识不够，所以问题很多。一是器物搞错或与铭文不相符：屏二的"鸟父乙鬲"全形拓，上面配的是春秋早期的"戈叔朕鼎"铭文；不知名爵全形拓，上面配的是原藏潘祖荫的"䚄斝"铭文。这件爵和端方《陶斋吉金录》卷三第二十一页著录的"子执兵己爵"相似，铭文也近似。[44] 屏三的"牺形觯"全形拓，上面配的是"作宝彝尊"的铭文。可怜黄士陵题的这几件的考释，也跟着张冠李戴了。二是用了报废的或未合格的拓本：屏三的"牺形觯"全形拓，圈足无纹饰，仅以墨色做了修饰，但是这件觯足上是有一圈纹饰的，对照《吉金图》"牺形觯"拓本就很清楚了。同屏的"鲁侯鼎"，鼎腹的兽面纹，从兽面的主文到口沿下的辅纹，以中间的扉棱为隔，两个整块面被九十度转置，成了从未有过的奇特装饰，当然不是一件合格品。可以略加以展开的是，因为是分纸拓，所以才会在粘拼时出现这样的错误。但是，正因为是粘拼的，完全可以揭下来，重新制作。当然如果将错置的拓纸粘拼定位，并且已经完成了笔墨的修饰，那可能就回天无力了，但总是不可以送人的，不知为何却留下了这样的作品，真教后来的观者无语。

岐博轴的4件全形拓本，也都是吴大澂藏器，"作宝毁"簋、"同姜作尊"鬲、"大吉宜王侯"洗、"周豆"4种。[45] 拓本造型准确，用墨晕染，浓淡得宜,技法娴熟,4件应该为一人所拓,可以与前述刘汉基藏照片所见吴大澂题跋的全形拓联系起来考察。从技法和用墨风格来看,二者十分近似,刘氏藏照中的鼎和簋与岐博轴4器,都是容器,尤其相近。刘氏藏照也是4轴4件全形拓,其中《敔狄钟》和《商铙》,吴大澂篆书题名及跋,《商铙》轴书上款"永庵三兄属题",《敔狄钟》轴记时:"光绪九年岁在癸未秋八月",似为一组。按《敔狄钟》跋文称:"是钟今在归安吴氏",而吴云已经于光绪九年(1883)的"正月十一日下世"。[46] 光绪九年八月,吴大澂正在吉林宁古塔"督办边务",九月初二日回到吉林省城。《敔狄钟》原藏吴云,这一信息原来也是不清楚的。吴大澂1886年"二月四日"开出的"清单二"里面有此钟,但是他一直到光绪十二年(1886)除夕才回到苏州省亲,此前一直没有回去过。吴致尹信时此钟应该还在苏州,所以才有"嘱许铱检出"的说法。商铙(亚盉左铙)是王懿荣藏器。二者大概也都经手于苏氏,所以苏氏有这二者的全形拓。吴大澂应该是题好了寄过去,或使人捎带去陕西。另二件全形拓是又一组,即前面已经提到的《微子鼎》和《微子殷》,按《微子殷》跋文的记时"丙子秋日",是在光绪二年(1876)的秋天。此时吴大澂还在陕西,得到窓鼎约半年,刚托人拓来客殷全形拓不久。据此推断,岐博轴全形拓多半也是吴在陕西任上拓成的。

岐山县博物馆藏轴拓的吴氏藏器,除"周豆"外不知所在,著录也不全,所以这些全形拓本就具有重要的史料价值。现按发布顺序,对4件器物简述如下(用原题名):[47]

"作宝殷",根据全形拓上方的铭文拓本看,《殷周金文集成》未载,也没有见到其他的著录,一般记载吴大澂藏"作宝簋"簋只有一件,即《殷周金文集成》著录的3252号簋,只有《吴愙斋先生年谱》附录增编的《愙斋先生所藏吉金目》著有两件,其一"宝敦(按江刊目作'作宝敦')"。[48]

图 119 《陶斋吉金录》同姜鬲图

"同姜作尊"鬲,《愙斋集古录》一七·一四著录铭文拓本,题名:"同姜鬲",同书目录名为"君姜鬲"。《陶斋吉金录》卷 2 第 58 页著录有线描图。(图 119)

"大吉宜王侯"洗,《愙斋诗存·汉洗》:"西京有遗篇,善铜出堂狼。精气不外泄,黝如漆有光。岂无画工美,双鱼与吉羊。亦有利后语,子孙宜侯王。"[49]《陶斋吉金录》卷 6 第 41 页著录作"汉大吉宜王洗",有线描图。(图 120)

"周豆",无铭文。容庚《海外吉金图录》三四著录有"鳞纹豆"(图 121),下注:"东京武内金平氏藏"。考释文如下:

　　高六寸一分。

　　此豆上部作圆涡纹,间以云纹,足部作鳞纹,中绕带纹。体作青绿色,偶有绿锈数点。乃周物。武内氏藏此凡二器。[50]

只是不知何时此器流落至日本。吴大澂还曾收藏有仿青铜器纹饰的陶豆,光绪三年(1877)"冬月朔"致陈介祺信论陶文时说到:

　　古陶器完者不易得,形制大小当不一。古登是否作豆形……新得二鬲一豆,虽无字,亦可见古制。有文(纹)如古吉金,尤罕尤可爱。

这件豆的器形和纹饰,还与 1978 年宝鸡高泉村出土的"周生豆"相同。(图 122)"高六寸一分",合 20.3 厘米。周生豆高 19.5,盘径 14.5 厘米,盘内有铭文十字,记述了"周生"作器的内容。因器形厚重、纹饰端凝华美、十分罕见而著名。[51]

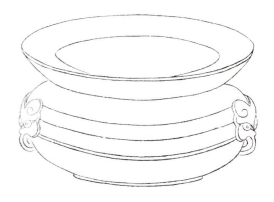

图 120 《陶斋吉金录》大吉宜王洗图

上述吴大澂藏铜器全形拓本,其器有些已经不知所在,以前也没有图像资料留存,因而提供了重要的器物形象。有的还可以和现存文献互为印证。如上图轴六的《秦钧权》,以前大多根据吴大澂《权衡度量实验考》的"大澂得于陕西宝鸡县",称"传清末宝鸡出土"。[52] 上图轴六《秦钧权》,吴于题名旁有注:

是权出陕西宝鸡弟(第)六村。

吴大澂光绪九年(1883)"冬月十八日"给陈介祺的信中也说到过这件秦权:

近得秦中友人书,寄示秦权拓,系宝鸡县弟(第)六村所出,土人秘不出示,襄时按试凤翔时,欲一见而不可得。器小于百二十斤之石,当即三十斤之钧。惟始皇诏前后两刻,不可解耳(一诏刻于二世诏之前,一刻在后,从纽旁直下)。

上图轴《秦钧权》又有二跋,其二写道:

是权两刻始皇诏书,其一诏第一行字多漫漶,想因用久磨灭数字,故刻二世诏时,又补刻始皇诏书于上,非一时所刻也。[53]

东西到手后,经过仔细观察,终于弄清秦始皇廿六年诏为什么要刻两遍了。"第六村",今为陕西省宝鸡市陈仓区阳平镇第六寨村。

吴大澂藏器,后来不少都转归他人,其中就有端方。端方藏权中两件最大的秦石权就都是原来的吴藏,端方拓成全形送人,今天还能见到不少。上图藏端方赠李翰芬《秦权全形拓》,上有褚德彝题跋:

图 121　《海外吉金图录》鳞纹豆

图 122　周生豆

  此秦铜权之最大者，吴愙斋中丞得之，罢官归，贫甚，以此权并汉朱大弟买地玉券，以千二百金售与陶斋，时余正在幕中也。陶斋所藏四十八铜权，当以此为最大。陶斋殁后，古物星散，此权不知在何许矣。戊寅四月，褚德彝。[54]

戊寅，1938 年。褚德彝曾做过端方幕客，主笔《陶斋吉金录》和《陶斋藏石记》等，作为亲历者，这段史实应该没有疑义。所以前面提到的《吉金图》褚跋所谓"吴氏所藏，自中丞卒后斥卖不遗，诸器率归他氏"，并无大错。藏器星散本来就是常事，"金石之寿，不如纸素"，其实并非是褚一人的感慨。

在上博卷中也有这种情况，周亚《〈愙斋集古图〉笺注》对上博卷中的图绘器和全形拓器，对著录、现存等情况均作了考释说明，这里不再赘述。下面仅就以上 5 组吴大澂藏器全形拓的后 4 组，以表格方式简述，凡与上博卷重见的只在备注栏注明。

下列表格中，仍沿用"上博卷""上图轴""吉金图""范甲藏轴"及"岐博轴"省称。表中见于上述"清单一"的器，标 * 号；见于"清单二"的标 # 号（"清单二"不明确指称的器以《吉金图》为准）。备注栏《恒轩所见所藏吉金录》省称"《恒轩》"，《愙斋集古录》省称"《集古录》"，《愙斋诗存》省称"《诗存》"，《吴愙斋先生年谱·愙斋先生所藏吉金目》省称"《年谱》"，《殷周金文集成》省称"《集成》"。表中器名，用所载卷轴的题名，没题名的用括号标出通用名。备注栏简记吴大澂相关文献，以及可知的现藏地。文献首列每器有图有铭文的《恒轩》，《恒轩》未见的列著录铭文的《集古录》，再次列《年谱》《诗存》等。未见吴氏文献，或仅见目录的，列出《集成》等著录书以备核检铭文，并附所载文献用名以便对照。

上图轴、吉金图、范甲藏轴、岐博轴全形拓本题名情况一览表

上图轴	吉金图	范甲藏轴	岐博轴	备注
* 内公鬲		*（内公鬲）		上博卷下：芮公鬲
* 宗妇方壶（二件）				上博卷上
妇爵				上博卷下：氀妇爵
祖丁鼎		（祖丁鼎）		上博卷下
* 韩相公仲侈壶		*（䎽仲多壶）		上博卷下：韩仲侈壶
郑大内史叔上匜				《年谱》：郑太叔匜；《集成》10281：郑大内史叔上匜；现藏北京故宫
* 女归卣				上博卷下
* 师夌父鼎				上博卷下
* 鲁伯愈父簠				上博卷上
亳觚				《年谱》：乙亳立戈册觚；《集成》7253：乙亳戈册觚
追毁				上博卷上、下绘图，纹饰有误
* 季良父盉				上博卷下
丙父己方鼎				上博卷下：举父己方鼎
* 史颂毁		*（史颂毁）		上博卷下
* 微子鼎				上博卷下
# 宗妇盘	# 宗妇盘			上博卷下绘图：宗妇般（盘）
秦钧权				《权衡度量实验考》72-73；现藏国博
# 子执旂觚	# 子执旂觚			上博卷上：旂觚，器铭拓误置
* 子璋钟				上博卷下
* 福无疆钟				上博卷下
# 爻父乙毁	# 爻父乙毁			《恒轩》上44：爻父乙彝
# 趞尊	# 趞尊			上博卷上
孙父丁鼎				《恒轩》上8：父丁象形鼎
* 乙亥毁				上博卷上
	# 己祖乙尊			上博卷下
	# 祖丁觯			《集古录》20·9：举祖丁觯；现藏上博
	# 举鼎			《集成》1381：⿱举鼎；现藏上博
	# 祖癸爵			《年谱》：且癸爵；《集成》7871：且癸爵
	# 陈侯毁			上博卷上绘图：陈侯嘉姬毁，纹饰误
	# 析子孙父丁鬲			《年谱》：斗子孙父丁鬲；《集古录》17·7：父丁鬲
	# 祖丁爵			上博卷上
	# 羇作妣毁			《年谱》：咎作妣毁；《集古录》7·12：咎作妣毁
	# 敟狄钟			《集古录》2·17
	# 兕觚			上博卷上：兕己觚
	# 父辛鼎			《年谱》；《集成》1646：⿱父辛鼎
	# 铸子黑臣匜			《年谱》：黑臣匜；《集成》10217：叔黑臣匜
	# 陆父甲角			上博卷上
	# 羇作妣爵			《年谱》：咎作妣爵；《恒轩》下80：咎作妣爵
	# 鲁公鼎	#（鲁公鼎）		上博卷下
	# 牺形觯	#（牺形铭觯）		《集古录》20·11：牺形觯；现藏上博。错配"作宝彝尊"铭拓，见上博卷上之"作宝尊"
		# 叔男父匜		《恒轩》下90；现藏北京故宫
		（不知名爵）		错配"⿱曻"铭拓，见《集古录》7·14：子负钺形毁，误为簋
		（鸟父乙鬲）		上博卷下：鸡父乙鬲；配"戈叔朕鼎"铭拓，见《集成》2690
			作宝毁	《年谱》：宝敦
			同姜作尊鬲	《集古录》17·14：同姜鬲；《集古录》目：君姜鬲；陶斋2·58线图
			大吉宜王侯（洗）	《诗存》："汉洗"诗；陶斋6·41：汉大吉宜王洗
			周豆（无铭）	《海外吉金图录》三四：鳞纹豆；藏日本武内金平氏

注释:

〔1〕 光绪八年十月十八日信。

〔2〕 光绪三年八月二十四日信。

〔3〕 见"光绪元年二月十二日至十四日暮"致王懿荣信。陈介祺曾致信潘祖荫说到:"张子达(衍聪)之拓法却胜东省它人,但聋甚,又多疑,又能使气,又私拓,又不惜护(却未损),非有人监拓不可。"(光绪元年正月十一日函)

〔4〕 光绪元年正月十二日信。

〔5〕 见西泠拍卖 2014 年秋拍古籍善本专场 2351 号。

〔6〕 参见本书"前篇"第二节。

〔7〕 光绪元年(1875)九月二十一日致陈介祺信。

〔8〕 光绪二年(1876)腊月五日致陈介祺信。

〔9〕 光绪三年(1877)三月廿二日致陈介祺信。

〔10〕 《朵云轩藏品第六集》,上海书画出版社,2005 年,第 127 页。

〔11〕 参见 Guolong Lai. The Tale of Two Turens: Connaisseurship, Taste and Authenticity [J].Orientations, 2008,(8): 64-71. 图像亦引自该文。

〔12〕 《吴大澂题鼎彝八轴》卷轴六《微子鼎》跋。该 8 轴见《纸上金石——小品善拓过眼录》,下册,文物出版社,2017 年,第 150 页 -158 页。本书所称上图藏轴之卷轴数序,均据该书所列为序。

〔13〕 见周亚:《〈愙斋集古图〉笺注》所附《愙斋集古图》下册,上海古籍出版社,2012 年。

〔14〕 刘汉基,民国时期西安回坊著名古玩商,建国后任职陕西省博物馆及西安市文物商店,负责文物鉴藏收购。刊布照片及其来源见罗宏才:《愙鼎与愙斋》,《收藏家》2008 年第 7 期。得罗宏才先生惠赐原照图片 4 幅,相关图像及跋文引据皆出于此。

〔15〕 周亚《〈愙斋集古图〉笺注》否定了邹安以为应该是另一件愙鼎的说法,谓:"应是当时

人将师眉簋铭拓片与师眉鼎的全形拓拼凑装裱而成，此亦一趣事。"见该书第 63 页。

[16] 刊布图见王文耀、徐永卫：《吴大澂铜器全形拓鉴赏》，《收藏》2007 年第 12 期。得岐山博物馆徐永卫馆长惠赐馆藏吴大澂藏器全形拓图片 4 幅，相关图像及题跋引据皆出于此。

[17] 参见罗宏才：《愙鼎与愙斋》，《收藏家》2008 年第 7 期，第 72 页。

[18] 2003 年华辰春拍"南国翰墨缘·中国古代书画"图录 0257 号说明。

[19] 《愙斋诗存》作"入西秦"，见《清代诗文集汇编》第 730 册，第 145 页，上海古籍出版社，2010 年。

[20] 《吴愙斋先生年谱》误植作"披榛剔苏"，燕京学社，1935 年，第 60 页。韩愈《石鼓歌》："剜苔剔藓露节角"。

[21] 《愙斋诗存》及《吴愙斋先生年谱》均误作"共球饰钺"。

[22] 《吴愙斋先生年谱》同作"鹭振歌西雍"。《愙斋诗存》作"振鹭歌西雝"。《诗经·振鹭》："振鹭于飞，于彼西雝。"

[23] 《愙斋诗存》本至此完结。

[24] 《吴愙斋先生年谱》为"作《说文翼徵》"。朝鲜学者朴瑄寿（1821—1899）著《说文解字翼徵》，其兄朴珪寿（字瓛卿）出使来北京，携其稿，与吴大澂等交流。见《吴愙斋先生年谱》第 40、41 页。

[25] 乐梦融：《金石收藏故事多多》，《新民晚报》，2016 年 1 月 18 日 A17 版。图像见西泠印社编：《吉金留影——青铜器全形拓摹拓捃存》第 52 页 -76 页，上海书画出版社，2014 年。卷前有吴大澂署签："愙斋所藏吉金拓本（尹伯圜手拓）"。

[26] 《看似寻常最奇崛：黄士陵书画篆刻艺术》，《书画》第 13，澳门市政局文化暨康体部，2001 年。

[27] 参见白谦慎：《吴大澂和他的拓工》，海豚出版社，2013 年，第 59 页 -68 页。

[28] 此信为 2005 年嘉德春拍 1425 号拍品《吴大澂书札》一册中的一通。全文最早由白谦慎

在《1886年吴大澂在吉林的文化艺术活动》一文中发布，并系于是年。但未发布所附的两份清单。是文收于《白谦慎书法论文选》，荣宝斋出版社，2010年。

〔29〕《白谦慎书法论文选》排印作"许"，名字空缺，《吴大澂和他的拓工》引作"许钛"，此据陈郁文及李军《访古与传古——吴大澂的金石生活考论》所引吴氏家书改。

〔30〕陈郁于"嘉树堂"微信公众号发文：《〈愙斋集古图卷〉被吴湖帆一分为二？》《吴大澂琐记:〈吉金图〉究竟几卷》，发布了这两份附单。但是陈文认为该信应书写于"1887—1888年间，或者至少不会早于这一时间段"。

〔31〕吴大澂：《皇华纪程》，黑水丛书《秋笳余韵》上，黑龙江人民出版社，2005年，第695页。以下相关所引均出于此书。

〔32〕重裱说见周亚《〈愙斋集古图〉笺注》前言，上海古籍出版社，2012年，拆分说见前述陈郁文。

〔33〕据白谦慎所考，见《吴大澂和他的拓工》，海豚出版社，2013年，第61页。

〔34〕除拓钟枚处开纸外，仅"祖乙方卣"的扉棱有两处粘纸的特例。

〔35〕见前举《吴大澂琐记:〈吉金图〉究竟几卷》一文。

〔36〕《愙斋公家书》，转引自李军：《访古与传古——吴大澂的金石生活考论》，山东画报出版社，2014年，第91页。

〔37〕参见李军：《访古与传古——吴大澂的金石生活考论》，山东画报出版社，2014年，第92-95页。

〔38〕《愙斋公家书》，转引自李军：《访古与传古——吴大澂的金石生活考论》，山东画报出版社，2014年，第94页。

〔39〕参见本书"前篇"第三节。

〔40〕同前《吴大澂琐记:〈吉金图〉究竟几卷》文。

〔41〕上图轴最早由仲威以《吴大澂题鼎彝八轴》为题，发表于《收藏家》2015年8期，8轴图像完整发布于上引文物出版社2017年出版的《纸上金石——小品善拓过眼录》。白

谦慎在《中国书法》2015 年 3 期发文《吴大澂与全形拓》，重刊了前述《1886 年吴大澂在吉林的文化艺术活动》中的《题全形拓》一节，重申了关于清单一为尹伯圜所拓的观点，文后转刊了上图轴中的 6 幅，以及新见的《吉金图》等。结合《吴大澂和他的拓工》关于尹为吴在广州的拓工的论述，可以代表白氏的观点。陈郁网文《吴大澂琐记：〈吉金图轴〉拓制小考》则明确提出为尹伯圜所拓。

〔42〕 见前注陈郁文。

〔43〕 1888 年 7 月吴大澂调任河东河道总督，尹伯圜虽未随行，但仍在广东为吴作全形拓。参见白谦慎：《吴大澂和他的拓工》，海豚出版社，2013 年，第 67、68 页。

〔44〕 端方：《陶斋吉金录》，光绪三十四年（1908）石印本。

〔45〕 王文耀、徐永卫：《吴大澂铜器全形拓鉴赏》，《收藏》2007 年 12 期。

〔46〕 吴云：《两罍轩尺牍》潘祖荫序，见《近代中国史料丛刊》第 1 辑，文海出版社，1966 年。

〔47〕 原 4 轴于画芯左上或上方题器名，题侧钤"吴大澂印"白文印，及"戊辰翰林"朱文印，第 4 轴又跋记"吴大澂手拓并题"。细审题字及印章，疑似后人所加。

〔48〕 顾廷龙：《吴愙斋先生年谱》，燕京学社，1935 年，第 284 页。

〔49〕 《愙斋诗存》，华东师范大学出版社，2009 年，第 20、21 页。

〔50〕 容庚：《海外吉金图录》第 3 册，考古学社印行，1935 年，《考释》第 5、6 页。

〔51〕 《中国青铜器全集》第 5 卷，西周（一）75《周生豆》，《图版说明》第 23 页，文物出版社，1996 年。

〔52〕 巫鸿：《秦权研究》，附表一（101），《故宫博物院院刊》，1979 年 4 期，第 47 页；丘光明：《中国历代度量衡考·权 112 两诏铜权》，科学出版社，1992 年，第 376 页。

〔53〕 仲威：《纸上金石——小品善拓过眼录》下册，文物出版社，2017 年，第 157 页。

〔54〕 仲威：《纸上金石——小品善拓过眼录》上册，文物出版社，2017 年，第 14 页。

第三节 新见大盂鼎全形拓评析

作为名器,大盂鼎的拓本流传下来不少,其中全形拓也有相当的数量。除了各公私收藏以外,近年由于市场的活跃,以及金石旧拓行情的趋热,见于各大拍卖场的大盂鼎全形拓也有约 20 种,有些是多次反复地上拍。当然,由于制作的复杂和技艺要求高,全形拓的数量相比铭文拓本来说,要少得多了。由于流传的原因,这些拓本大多有着各时期的各家题跋,这不仅增添了拓本的历史价值和艺术价值,还具有十分重要的文献价值,给今天的研究提供了重要的材料。不过有市场就有鉴别的需要。虽然不像铭文拓本、题跋伪作出现"双胞"甚至"多胞"的情况不少,但全形拓也有"双胞"现象,有伪作,甚至有的"全形图"也十分可疑。还有原作经修补后添跋及印章等作伪的情况。但是经过鉴别以后,这些材料还是能给我们带来不少惊喜的发现。对于大盂鼎的研究,包括全形拓的制作,与文献的相互印证,以及鉴别的依据等方面来说,也都找到了很好的例证和线索,可以推进我们原有的认识。下面剔去可疑的,列举包括已发表的公私藏品在内共 13 例,来展开分析。为了方便比较,将"前篇"中上博 9716 和 8595 号也列入其中,图像见本书图 13、图 10。藏家单位及拍卖公司名用通行省称,多次上拍的取一次拍卖标记,截至 2017 年春拍。

1. 上博藏品号 9716,铭文拓本"二白",腹内铭文"二白",无题跋无钤印,外签:"周盂鼎全形(三百未剔初拓本)";(图 28)

2. 嘉德 2011 秋拍号 0335,铭文拓本"二白",腹内铭文"二白",无题跋无钤印,外签情况不明;(图 123)

3. 泰和嘉诚 2011 秋拍号 1331,铭文拓本"二白",腹内铭文"三白",

无题跋无钤印，外签："盂鼎器、铭旧拓（辛未岁暮宁刚装池，无闻所藏吉金墨本第一）"，辛未，1931 年；（图 124）

4. 嘉德 2015 秋拍号 2009，铭文拓本"二白"，腹内铭文"三白"，吴大澂题："盂鼎（潘氏攀古楼藏器）"（未署名），王同愈抄录吴大澂考释二篇，1916 年补跋记：抄录于"光绪甲申"（1884）年，全形拓下侧钤"伯寅父审释彝器款识"朱文印；（图 125）

5. 上博藏品号 8595，铭文拓本"三白"，腹内铭文"三白"，王同愈抄录吴大澂考释二篇，1895 年补跋记：抄录于"光绪乙酉"（1885）年；（图 25）

6. 泰和嘉诚 2011 秋拍号 1398，铭文拓本"三白"，腹内铭文"三白"，方鼎录题名"周南公鼎"并跋，"光绪三年（1877）丁丑春三月上巳日""识于长安"，以及"琥斋又识"二跋；（图 126）

7. 私人藏家藏品，铭文拓本"三白"，腹内铭文"三白"，褚德彝"癸丑年（1913）"题"盂鼎"并跋，及同年任堇的观跋；（图 127）

8. 中国书店 2015 春拍号 902-1，铭文拓本"三白"，腹内铭文"三白"，无题跋，铭文拓本右下角钤"南公鼎斋"白文印；（图 128）

9. 嘉德 2017 春拍号 2051，铭文拓本"三白"，腹内无铭文，无题跋，铭文拓纸右侧以及右左下角钤"乙亥"（白文）、"朱室"（白文）、"八喜斋"（白文）、"快哉轩"（朱文）4 印章；（图 129）

10. 书画艺拍 2007 冬拍 164 期号 0054，铭文拓本"三白"，腹内无铭文，褚德彝题名："盂鼎（攀古楼所藏大鼎之一）"，并"壬子年（1912）秋日"跋（上款邹安），有邹安藏印；（图 130）

11. 朵云轩 1996 春拍号 830，铭文拓本"三白"，在器腹下方，腹内

图 123　嘉德 0335

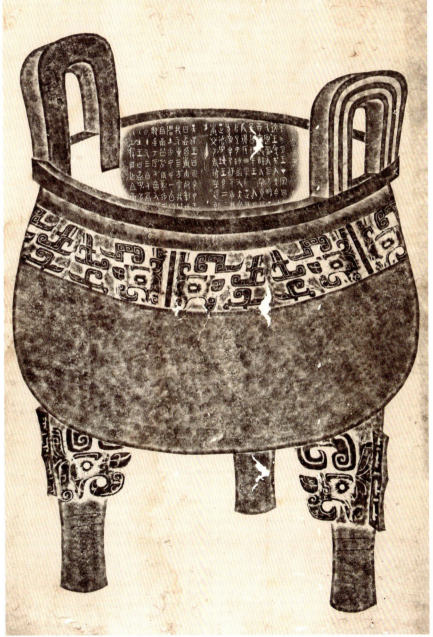

图 124　泰和嘉诚 1331

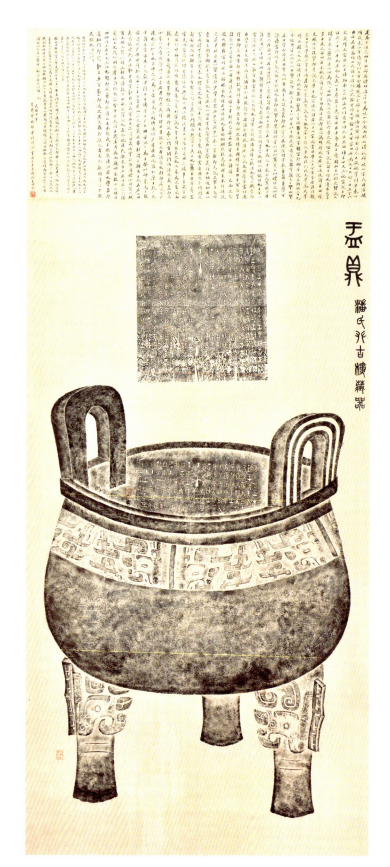

图 125　嘉德 2009

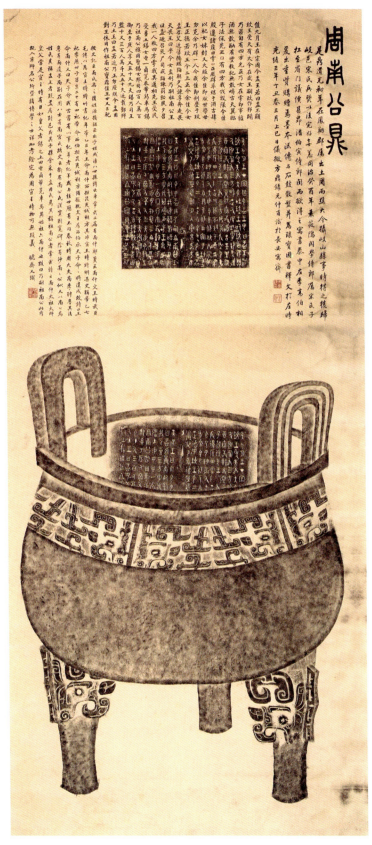

图 126　泰和嘉诚 1398

图 127　私人藏品

图 128　中国书店 902-1

图 129　嘉德 2051

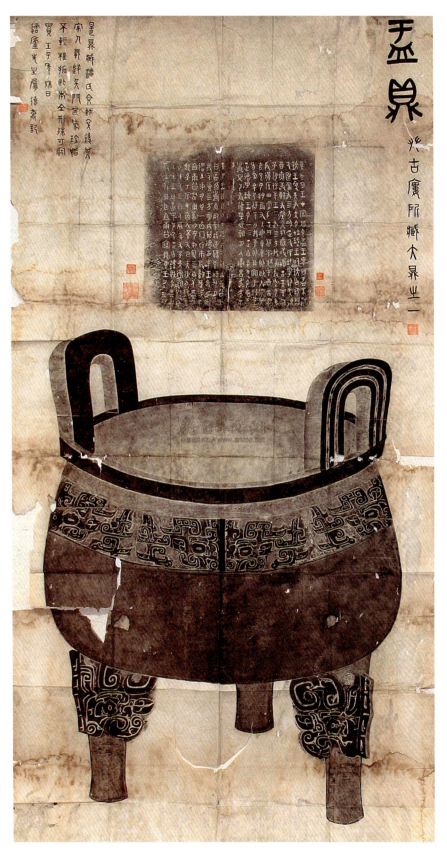

图 130　书画艺拍 0054

图 131　朵云轩 830

图 132　翰海 1242

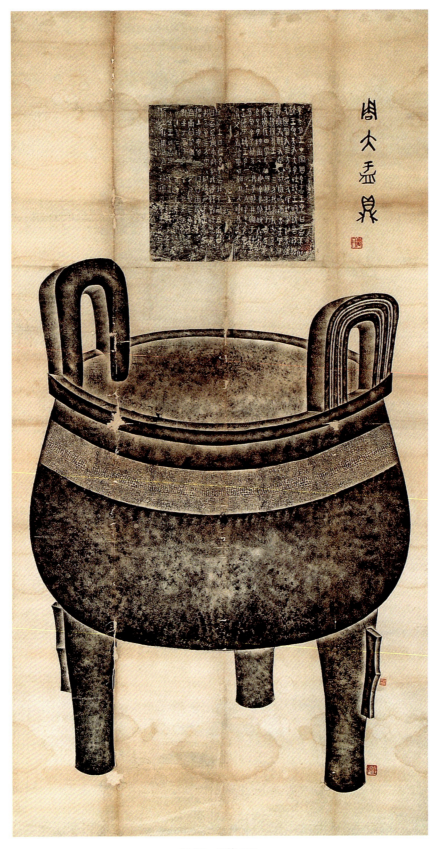

图 133　嘉德 1915

画石榴花，褚德彝"己巳岁（1929）九月"题"盂鼎"并跋（上款邹安），邹安有二跋，其二"壬戌（1922）重装又记"；（图131）

12. 翰海 1999 春拍号 1242，铭文拓本"二白"，腹内无铭文，无题跋，有顾复初和王瓘的藏印；（图132）

13. 嘉德 2003 秋拍号 1915，铭文拓本"二白"，腹内无铭文，曾熙题名"周大盂鼎"，钤"农冉"印。（图133）

从传统的全形拓立轴作品来看，都是上部铭文拓本、下部全形拓本的格局，因此可以将其作为一个整体来看待和分析。事实上，上举 13 例也是基本如此的。当然其中也有例外的情况，有为全形拓配铭文拓本的。另外，也有为铭文拓本配器物全形的。这些例外也都有原因可寻，下面再做分析。

本书"前篇"曾根据陈介祺与吴大澂有关大盂鼎铭文拓本的通信情况，推断"二白"本与"三白"本的变更，可能发生于光绪四年（1878）的九月至次年初。相应地，也把前篇所见的两件全形拓置于同一时期。但是，上列的材料中，例 6 和例 9 就足以改变这一推论。例 6 的铭文拓和腹内铭文都是"三白"，方鼎录跋：

> 是鼎道光初年在凤翔郡属出土，周雨樵大令摄岐山县事时得之，后归岐邑宋氏，兵燹以后完好无恙。同治癸酉年，袁筱坞阁学侍郎嘱宋氏子扛至省门，议价甚昂。潘伯寅侍郎闻而欲得之，寓书秦中，左季高伯相爱出重赀购赠焉。墨本流传，与石鼓、散盘并为瑰宝，因书释文于左。时光绪三年丁丑(1877)春三月上巳日，仪征方鼎录元仲甫识于长安寓斋。

方鼎录，字符仲，又字元仲，江苏仪征人，书法家。咸丰辛亥科（1851）举人，同治光绪间任职陕甘，任合阳县知县、陕西军需局道员、盐运使、分巡西宁兵备道等。前篇引鲍康致潘祖荫信中讲到"前晤方仲元，谈及盂鼎"，告知袁保恒以"六百余金得之"的"方仲元"，就是此人。方氏此跋，虽然并不完整、准确，但是他"光绪三年（1877）"春在长安题跋的已经是"三白"的本子，则是可以确定的。

再看例9，虽无题跋，但是可以确知有潘祖荫的3方印："乙亥""八喜斋"和"快哉轩"。"八喜斋"和"快哉轩"是潘氏的斋名，都见于潘氏日记等处。潘祖荫的印章很多，也喜欢在手迹等各种文件上钤用。苏州博物馆藏潘祖荫日记年册的前后书衣上，差不多都盖满了各色印章，前后期刻制的都有，还有干支年号章。其中光绪七年至十二年的日记，在日记页上面也钤上干支（年）和"八喜斋""攀古"等印。潘氏光绪元年至六年的日记未见，但是看其历年各式干支年印的风格，此"乙亥"印应该是真实无疑的。这就证明，早在光绪元年（乙亥，1875）潘氏铭文拓本就已经是"三白"了。

另外，例8的铭文拓和器腹内也都是"三白"，钤潘祖荫的"南公鼎斋"印，这件应该比例9更早，下面再详细讨论。

例1至例7，从全形拓的制作风格，结合技法运用都是采用整纸拓，包括腹内铭文也是整纸拓的情况来看，应该是一个系列的。在这一系列中，铭文逐渐从"二白"渐变到"三白"。其中有这样几点可以细加分析：

其一，例1和例2无疑是最早的作品，铭文拓本和腹内铭文都是"二白"，都没有题跋和藏印，流传情况不明。例3除了有外签，知道曾经为徐无闻（1931—1993，书法家）所藏，内芯仍然是无题跋无印鉴，铭文拓本"二白"，但是器腹内的铭文已经是"三白"了，所以铭文拓本早于全形拓的制作。

其二，例4和例5都是由王同愈抄录吴大澂的考释文本，分别在光绪甲申年（1884）和光绪乙酉年（1885）。例5的王同愈补跋题写的时间较早（1895），讲到了顾肇熙的索要。但实际上此幅并未送出，一直在吴家，直到被上博收藏。例4的补跋就比较晚：

光绪甲申愙斋师视师津门时命书。丙辰冬月补志。王同愈。

丙辰，即 1916 年。可知这两件应该都是为吴大澂所有。如果例 1 也来自于吴家，那么吴大澂当时至少有 3 件，入手时均为仅有铭文和全形的空白本子。这 3 件分别是：铭文和鼎腹内都是"二白"、铭文"二白"鼎腹内"三白"，以及铭文和鼎腹内都是"三白"。吴大澂离开陕西职任的时间在光绪二年（1876）十月，他得到这些拓本的时间，最可能是在大盂鼎入京的 1874 年末至次年年初，理由见下述。

其三，虽然似乎为同一系列，但是往后的几件有了一些制作的上细微不同。例 4 的腹纹带，由于扉棱两侧兽面额鼻轴线拉开了，所以右侧扉棱外的纹饰带显出较少。这是按打样拓制时不够仔细精准所致。例 6 腿部兽面纹下的弦纹没有拓出，这是一个疏漏。有着明显不同的是例 7，鼎耳外侧凹陷处理成深墨色，鼎足兽面纹的阴线也多为墨线，除了兽目可看出拓制痕迹，整个兽面呈平涂效果，和刻版拓本类似，足上的弦纹也没有拓出，但是鼎腹纹饰带右侧扉棱，却表现出立体的斜侧面。这种风格上的变化，应该是不同的拓手所为。而且鼎身比例与前六例略有不同，器腹表现得更深垂一些，显示出另作画样的可能性。所以此例应该最晚。

从以上分析可知，大盂鼎到潘祖荫手里已经是"三白"的铭文了，那么"二白"铭文拓本及其全形拓，就是鼎还在陕西时所拓制的。作为系列，在制作过程中，发现了"三"字的上面一划被铜锈所掩盖的情况，于是实现了从"二白"到"三白"的转变。也就是说，上举至少例 1 至例 6，应该都是鼎入潘氏之前的制作。

至于"前篇"提到的，直到光绪四年（1878）二月，陈介祺仍未得到满意的大盂鼎（铭文）精拓本，要求吴大澂亲自去拓，可能和那时精拓本确实不易获得有关。吴大澂自同治十二年（1873）末开始与陈介祺通信，到簠斋过世的前一年光绪九年（1883）末，今存来往信札近百通，其中就有好多次言辞恳切恭谨地提出想要一本毛公鼎的精拓本、全本，[3]却始终未获回应。直至陈介祺过世，吴大澂还在给其后人的信中讲到，自己的毛公鼎拓本"为墨所污，缺失二十余字"，希望能允许让派去的尹伯圜"手拓两分"带回来。[4]

前篇引吴大澂同治十三年（1874）"九月十八日"致陈介祺信，以及"仲冬廿四日"致王懿荣信，均讲到因为没有好的拓工，所以寄奉的大盂鼎（铭文）拓本不精。而鼎已于那年的十一月入京，到了潘祖荫的手上。在陕西期间，吴大澂忙于公务无暇手拓，直至光绪四年三月，仍是"盂鼎未及手拓，时以为憾"。而且上述全形拓本的制作，与前述吴氏藏器全形拓的风格不同，所以确实和吴大澂没有关系。最有可能的主事者应该还是袁保恒。陈介祺"同治壬申（十一年，1872）十二月六日丙辰"致信鲍康，转托胡石查向袁保恒求大盂鼎拓本，此时大盂鼎应该已在袁保恒手中了。左宗棠约在次年初致信袁保恒："宝物出土，显晦各有其时，盂鼎既不为伯寅所赏，未宜强之，盍留之关中书院，以俟后人鉴别。其价则弟任之可也。"意思无论潘要不要，都看着把钱给付了。至同治十三年（1874）九月启运入京，[5]有近两年的时间，大盂鼎一直在袁保恒手中，所以当时人都知道"此鼎久在袁筱坞阁学寓中"。[6]

袁保恒在此期间曾有过请吴大澂刻全形图的要求，甚至可能已经预付了酬金。吴大澂在同治十二年（1873）正月十六日致袁保恒信中讲到：

> 去冬刻工邢姓承命摹刻盂鼎，因木板爆裂，未能妥善。尚蒙厚赐，未免过费，歉仄莫名。[7]

那位邢姓刻工，是吴大澂从北京带到陕西的，主要为了刊刻吉金图及出书的计划，实际上也承担了摹刻其他金石文字和图样的任务。其实陕西当地未必没有好的拓工，西安在当时也是古玩重镇，前一节所举刘汉基藏民国初年所摄全形拓4轴即是一例，另外岐山博物馆藏署吴大澂名的四轴全形拓也是佳作。

请吴大澂摹刻大盂鼎全形没有成功，但是袁保恒在那两年的时间里，会有自己的制作安排吗？现在所见鼎入潘氏前的这些全形拓本，排除了吴大澂制作的可能以后，是否意味着只能是和袁保恒有关呢？除了上举的这些全形拓本以外，甚至还见到了疑似刻版"二白"本全形图，例13即是。此例十分特殊，不仅没表现腹部纹饰带的兽面纹和扉棱，而且腿部的兽面装饰也全然不见。但是器身和鼎耳表达准确，特别是全形图上方配上了大盂鼎铭文拓本（仍是"二白"），所以曾熙题名"周大盂鼎"是不错的。在此还需要给予关注的是，此例图形的摆放角度、器身的造型、比例等，与前六例完全相同，显示出底样之间的渊源关系。

关于鼎入潘氏之前的全形图制作的史料线索不多，以上大多只是推论和分析。总之，希望还能见到更为直接的判断依据。

同治十三年（1874）十一月，大盂鼎入潘氏，至次年光绪元年（1875）四月底，潘祖荫至少有过两次大盂鼎全形图的制作。第一次是全形拓本，时间约在入手后至次年年初。第二次是刻版的全形图，完成时间就在当年的四月。当然每种不会只作一份，从常理来讲，刻版就会出品更多些。敦促潘祖荫做全形图最急切最上心的是陈介祺，早在大盂鼎尚未入京时，"同治十三年甲戌（1874）二月十三日"即致潘祖荫信：

> 盂鼎不知何日至……鼎宜度以建初尺……耳、足、上口（径、圆）、腹（深、围、下垂之中），均须详度寄拓本，乞拓一全耳。[8]

在同一天致鲍康信又说：

> 此器似宜专作一书，刻一图（如器大不缩，装为巨轴）。

八月廿一日又致信潘祖荫：

> 盂鼎图，清卿学使当已作，未作则量明尺寸，拓全花文、耳足，使之不须再问再拓，则可在陕作图。先成一大图，再审其合否似否，于都中刻之。以大纸（金钱榜纸之类）拓之，然后缩入著录，专作一册可已。[9]

想象吴大澂应该已经做了全形图，如果没做，那就该如何如何来做。估计鼎应该到了，于"十二月二日辛未"致信潘祖荫：

> 盂鼎既云年内可至，刻想已纳尊斋……作图用洋照而勿令其传印，收版自存之。花文以拓本撙节上版为合。可作二图，大者用原尺寸，小者则以照者摹刻。字亦可照，小者为一缩本图与字也……

陈介祺因为表弟谭相绅（字雨帆）的缘故，接触和接受西洋照相术比较早，除了身体力行外，还竭力在金石同好中推荐，用"洋照"写形之长，"以拓本撙节上版"，就是将拓本裁剪至合适的位置上，再刻版、拓印。这样既解决当时照片日久褪色的缺陷，又能准确造型。信中还特别嘱咐收好底片，不要随便让人洗印等等。知道大盂鼎已经到了，于是"光绪元年（乙亥，1875）正月十一日夜"又致信潘祖荫：

> 盂鼎已至尊斋，真三千年来之至宝……图不可不如器，勿嫌其大，花文不可不如拓而用双钩。已为嘱西泉子振作南公鼎斋、南公宝鼎之室、南鼎斋、盂斋、盂鼎斋印，及南鼎斋古彝器古文字、盂斋先秦文字两京文字、盂斋法化诸印，且一斋名作大小数印。尚未拟得稿，当促之，后便当有可寄。
>
> 西泉似不让㩖叔也……

这是收到潘的信，知道鼎到了，又托请王石经（西泉）、陈佩纲（子振）刻制"南公鼎斋"等等印章的回函。次日，信还未发出，陈又附笺写道：

> "南公鼎斋"印今促西泉刻出。"斋"字乃弟影齐侯罍写之，尚相合。
>
> 三人已费数日力矣……

三人（包括陈介祺，影写齐侯罍铭文来拟定印文的"斋"字）齐力，终于先行赶出了"南公鼎斋"印。发信的当天又给在京的王懿荣写信：

> 孟鼎企石查作一图，刻之须如器不少失，花文勿作双钩，如拓为合，勿嫌其大也。

没过几天，"正月二十日戊午"又致信潘祖荫：

> 孟鼎想已作图，望并精拓早见赐。日内属表弟谭雨帆照吉金图，兹奉上数纸（八又一），为孟鼎先导。照成，高、宽所小数相仿佛便是合，否则是有不合。再审改便可定：图小于器十分之几。图成而花文不清，再拓摹之。字亦可照，照毕即可令手民摹刻，无须挽清卿、石查诸公矣。大如鼎者，以照本尺寸推而为之即可。花文须如拓墨，勿双钩。尺寸须用建初尺校，古尺唯建初，今尺无以信。后唯所照之版，宜自存之……

在陈介祺的敦促下，潘祖荫确实也在赶工，约在一月底二月初即作出了第一批全形图。不过这批全形图是拓本，还不是刻版的，因为刻版显然要更耗工时。吴云在年初致潘祖荫信时，还在关心"孟鼎计期应可入都，此器质厚，虽有登登之声亦不损伤，云甚望以精拓见寄也"。[10] 次信就讲收到了"全形拓本"：

> 孟鼎久镇关中，烜赫照世……今而竟归清秘，喜可知已。此等玮宝，非有金石奇缘者不能遇也。承惠全形拓本，已命工装裱，悬诸壁间，观者莫不惊心动魄，叹羡不已。[11]

"前篇"所举9725轴吴云题记于1880年的跋中也追记：潘祖荫"天下玮宝，一旦入手，欣幸无已。因拓全形驰寄，属为考释。此五年前事也"。说的是同一件事。同时，陈介祺也收到了全形拓本，"光绪乙亥二月望前一日"致潘祖荫：

> 二月十一日夜得手书七缄……孟鼎图唯耳不合，可先照之。拓手似

陕贾，门外汉也。

这封二月十四日的信中还讲到：收到了代为刻印的谢仪，并"西泉、子振同谢"。就是说潘祖荫已经收到了"南公鼎斋"印章。

吴云和陈介祺收到的那批全形拓，应该就是与例 8 相同的作品。例 8 在"三白"铭文拓本的右下角钤"南公鼎斋"印，鼎腹内的铭文也拓出了上半部，只是全形的拓制还是有一些问题，比如腹纹带扉棱及纹饰组的位置不对。又扉棱两侧兽面原来是对称的，以构成兽面的正面形象，由于分拓时粗心没有对准，左侧一组造成了严重的上下错位。青铜器上的扉棱，和器物分范浇铸工艺有关，后来就发展成了器物的装饰，具有等分和对称的美。扉棱在纹饰带中的运用也是如此。另外，如陈介祺所言，左耳内侧原来延伸下来的两块凸出，只表现出一块（其实这里都是另以墨扑或皴笔补出来的）。

潘祖荫接下来又以刻版的方式做了第二批大盂鼎的全形图。和吴云、吴大澂等其他同好一样，潘祖荫并没有采纳陈介祺关于照相加刻版的方式，还是用传统的制法，依拓样摹刻成版。陕西的那批全形拓，吴大澂得到过，潘祖荫也应该有。例 4 那幅，在全形拓左侧足部边上有"伯寅父审释彝器款识"朱文印，有两种可能：一种是此幅原来就属于潘祖荫，后来给了吴大澂；还有可能就是吴大澂让王同愈抄录考释文字后给了潘，后来 1916 年王同愈又见到此幅，于是补题了跋。总之，潘氏两次作全形时，均是按照陕西的样式做的。例 9、例 10 就是例证。

例 9、例 10 都是刻版全形图，两例的图形及纹饰等细节完全相同。除了鼎腹纹饰带的扉棱居中，两边纹饰对称布置以外，其他基本样式类同于例 1 至例 7 系列。扉棱居中，就立体器物的透视而言，其实是一种倒退。此外腹内没有铭文，那是因为铭文要刻得好十分不易，所以刻图一般不在器内刻铭文，前面阮元跋六舟的焦山图就讲得十分清楚。另外，左耳内侧的凸起还是忘了刻，例 9 补涂了一块墨影，例 10 就没补上。例 10 在 2007 年中国书画艺术品拍卖公司（香港）冬季拍卖会 164 期上出现的时候，全形图有残损。但是此轴在 2017 年内地某公司春拍时又见到了，已经修复，在画芯的下方多了 3 枚印，右下侧还出现了沈颎"静俭斋"的藏款。曾经上手例 9，铭文拓边角的印章已如上述，仔细辨察全形图，确是刻版拓件，甚至怀疑鼎腹下部的贯穿横线，可能就是"断板"造成的。木版由于各种原因，容易断裂，前述吴刻大盂鼎图没有成功就是个例子。

潘刻全形图，大约在四月份就告完成。潘祖荫"五月朔"致吴大澂信：

> 盂鼎已如其大刻一图，当寄，恐包太大不便耳。

陈介祺也收到了这次的刻图，"五月六日壬寅"致信潘祖荫：

> ……盂鼎图已装二轴，真是巨观，秦汉以来那得见此。

后面又提出，最好照相，连同——

> 拓鼎耳内外及两侧，及上全形口：向上全形口、向外唇全形，鼎腹、鼎足真形，鼎口下花文及觚棱全形，精拓足……俾得依照本、真形拓本缀成，刻传之。至企，至企。

在"六月既望"致潘的信中重申了"鼎图照宽四寸，再拓全鼎分纸，记明寄下"的要求。

陈介祺这样孜孜以求地要以照相配合拓本的细节来刻制全形图，有他的道理。他在上述"四月廿二日"致王懿荣的信中曾这样论述：

> 巧者、能者之心、目，不能如洋照之浑成如铸，一丝不走。以为真式而扩充之，使如原器大小为图，刻石与木而拓之（墨、朱，朱中用白蜡）为正轴。铭文则用原器精拓本。亦可以刻者为稿，而拓原器补缀而成（更大雅）。照而不刻，则不能久；刻而不照，则不能不失真而悉合。

以照相为"真式而扩充之"。信中还提到以"刻者为稿，而拓原器补缀而成"的另一种全形图制法，觉得有更"雅"之胜。确实，陈介祺自己就是这样身体力行的，他的藏器，如噩侯鼎、毛公鼎等都见有刻本全形图传世。下面举出传世较多、做得也最好的毛公鼎全形图的几个例证。

2016年嘉德秋拍号1282"六名家题跋本"毛公鼎全形图，有"海滨病史""平生有三代文字之好""十钟主人"等印鉴，是"簠斋监拓本"无疑，又有吴昌硕、张祖翼、陆恢、吴臧堪、褚德彝及王国维6家长跋，一时轰动。（图134）

这件全形图就是刻本。我们只要与原藏杨鲁安、今藏西泠印社的那件毛公鼎全形图仔细比照，就会发现，二者所有细节完全一致，就连器体表面拟出的锈斑也纤毫不差。西泠藏本也钤盖"文字之福""平生有三代文字之好""簠斋藏三代器""海滨病史""十钟主人"等印章。[13]（图135）其实，这一版别的全形图还是不少的，2015年嘉德秋拍的2012号也是。毛公鼎器体铸造较差，表面斑痕及气孔很多，曾是引发鼎的真伪之争的重要疑点。对照毛公鼎的照片，可以发现器身的斑痕和气孔与全形图并不一致。（图136、图137）陈氏讲究刻版要依拓本来做细节，但是对于怎么拓制鼎等素面的圆弧形腹部，他有很聪明的应对办法：

（拓器）向前一倾见口，即得器之阴阳。以纸楮挖出后，有花文、耳、足者，拓出缀补，多者去之使合。素处以古器平者拓之。不可在砖木上拓。不可连者，纸隔拓之。[14]

所谓"拓出缀补，多者去之使合"，是分纸拓然后缀合成图的具体步骤。其中圆弧状的器腹，就可以利用"古器平者"来拓制，这样既拓制方便，又避免了拱凸形器面的拓纸折痕。如果做刻版，那就依照拓本的斑痕照刻。

陈氏监拓的全形图，还有半刻版半拓本"套"做而成的，如山东博物

图134 "六名家题跋本"毛公鼎拓本轴

图 135 西泠印社藏毛公鼎拓本轴

图 136　毛公鼎正面

图 137　毛公鼎背面

馆藏毛公鼎全形图轴，无题跋，画芯下端左右两侧钤"文字之福""考秦燔所不及""簠斋"及"簠斋藏三代器"4印章，其全形图的鼎口及两耳是刻版拓的，与上述2件的鼎口及两耳完全一致。鼎身及三足则是拓出来的。[14]这提示我们，"六家题跋本"和西泠藏本等，应该是"套版"的拓制图。簠斋监拓还有一足在前两足在后置放的毛公鼎背面全形图，公私均见到有收藏的，从造型来看大致偏早期，不再展开。[15]

陈介祺较晚监制的毛公鼎全形图，造型规整合理，与器物原型极为接近，这应该与他用照相放大制图的实践有关。只是从透视来讲，图中两耳的内侧更为偏转向观者的角度，这可能是出于他对传统"机杼"的坚持，他曾明确表示过：

> 洋照乃取物产之精而明其用，亦可谓泄造化之秘矣。然止是取其形而不能取其神……点睛能飞去，颊上三毫，西法岂能得乎？[16]

前列大盂鼎全形拓的例11和例12可以归为一类。这两件拓本的风格与吴大澂藏器拓本的部分作品相近，很可能就是苏州拓工的作品。例11是当时很时兴的一种艺术体裁。六舟大约在道光年间确立了以金石全形拓配画时令花卉的博古花供图样式，他自拓自画了一批，又拓了不少的全形拓请当时的名流补花，[17]一时形成风气，并一直影响到清末和民国。（图138）[18] 例11有褚德彝的题名和跋，记时为"己巳岁（1929）九月"，跋文如下：

> 鼎于陕西岐山出土，左文襄得之以赠潘文勤，今尚存吴县潘氏家庙也。
>
> 文勤在时以木刻全形，拓以赠人，此本全形花文皆由原器拓出，殊可宝贵。
>
> 适庐同年得此相示，展阅一过，自幸古缘之不浅也。褚德彝记。

提到大盂鼎"尚存吴县潘氏家庙"，又提到潘祖荫的木刻全形图，也肯定了这件拓本。更早些时候，褚还提到曾亲临观摩过大盂鼎，例7的跋就有

图 138　六舟《周伯山豆》轴

这样的追忆：

> 此为中国吉金中存世第一重宝也。壬寅秋游吴门，曾侍先师费西蠡先生诣潘氏观之。成周法物，奉得手摩目接，何快如之……

壬寅，即光绪二十八年（1902）。这条跋题写于"癸丑（1913）年十月"。费念慈，字屺怀，号西蠡，武进（今江苏常州）人，光绪十五年（1889）进士，精鉴赏，工书法，与翁同龢等为师友，常与潘祖荫、盛昱、王懿荣等人交往，曾为潘祖荫书写墓志。

例 11 画芯下方，有藏者邹安的两条跋，其一讲到这件全形拓的来历：

> 盂鼎有二，此大字者为嘉定周雪［雨］樵旧藏，由袁文诚归左文襄，文襄赠与潘文勤，文勤载归吴门，今尚与克鼎并庋一厅。全形拓本多木刻，此纸则拓自器上，□中得于苏州旧家，无铭文，以精墨本补完之。
>
> 适庐记。

此跋未记时间。其二是重装后发了些感慨，记了时间："壬戌（1922）重装又记"，可知邹的跋一又要早上几年。邹安（1864—1940），又名邹寿祺，浙江海宁人，字景叔，别称广仓、适庐等，王国维同乡，俞樾弟子，光绪二十九年（1903）进士，清末民国时期金石研究及收藏家。民国初期上海犹太商人哈同开办仓圣明治大学，他与王国维同任教于该校，编著有《周金文存》等书籍。邹安跋中明确记载了大盂鼎和大克鼎当时还并藏于潘家，以及例 11 的全形拓来自"苏州旧家"，铭文（"三白"）拓本是后配在下面的。看来邹安购进的时候，已经是一幅博古花卉图，可能原来还没有题跋和鉴藏印章。

例 12 无题跋，但是有"潜叟审定""潜叟监藏""王孝禹考藏记""孝玉永宝"等鉴藏印章。分别是顾复初和王瓘。顾复初（1800—1893），字幼耕，又字乐余，号罗曼山人，晚号潜叟，江苏长洲（今苏州）人，学士顾元熙之子，工诗文书画。王瓘（1847—？），字孝玉，一字孝禹，辛亥（1911）后以字行，书法家，由举人官至江苏道员，曾做过端方幕客。看来这件全形拓原来也是在苏州地区流传的。腹内没有拓铭文，全形拓的上面配了铭文拓本，但是拓得很差，仔细辨别才能确定是"二白"本。所以怀疑制作此件全形拓的时候，并没有计划配上铭文拓本，而是准备制成博古花供图的，不清楚后来怎么补完整了鼎口，又找来了一份铭文老拓本，完成了这件作品。当然，再补拓鼎腹内的铭文是不可能的了。

如果说例11、例12是为全形拓配铭文拓本，那么，为铭文拓本配器物全形的例子也有，还是一种特殊类型的"全形图"，可以附在这里作一介绍。

朵云轩1996年春拍号835《盂鼎全拓》，实际是缩小版的绘本，具有现代绘画的风格。（图139）这件立轴吴湖帆题"盂鼎"，并有3跋：题名之跋，记作"丁丑（1937）为逊公兄题"；次跋于"戊寅（1938）五月中旬"，"敬录窭斋公盂鼎文考一节"；又有一补跋：

> 今春（按：疑"今春"误记，应该是"去年春"）逊兄以盂鼎、散盘二拓墨本相示，欲求其形一，将无从觅处。乃属（嘱）吾甥朱君梅邨，就影片缩摹之，纤毫毕存，精采（彩）焕发，胜前人所拓……百倍，亦吉金中奇制也。因特拓出，以告考据家也。赏鉴者惜当初阮、陈诸公也不及见之。六月六日丑簃又识。

提到是由外甥朱梅邨按照片所画。当时看起来确是耳目一新（此图所绘并不很准确），但是此图既没有原大的基本要素，又不是拓的，甚至不是颖拓的。这个时候，照片已经普及，全形图制作其实已经失去了保留和传播资料的意义；所还具有的，就只是传统技艺的传承和美学上的价值。所以，吴氏的这种作法就没有了持续发展的可能。

除了上列13例外，还有几件，如嘉德1997春拍0678号、翰海2005

盂鼎

道光间出陕西郿县初藏岐山宋氏后为县袁文诚所得左文襄西征持赠潘文勤为攀古庼重镇之宝与善夫克鼎同贮其硕大为海内巨擘丁丑冬日为

逖公兄题 吴湖帆

是鼎高约四尺口径约三尺容七石计文十九行二百五字以文载择之寄傅成王时物周公之孙盂所作首曰惟九月王初文王立邦曰至丕显隹殷堕令佳三朝昼殷之寄小大御事其命也按殷以十余日为一朝受命王初文王之十三祀即文王受命自命作邦也至是凡六传而为成王巳相去七十九年也

此鼎递藏有自宫古郿岳合宫之宗毂古迪

图139 吴湖帆题跋《盂鼎》全形图轴

春拍 1677 号、博古斋 2014 秋拍 1536 号等，可以归于大盂鼎入潘前的拓本系列；山东博物馆 2016 年 5 月 "馆藏全形拓专题展"展出的图片编号 11582372 的《周盂鼎》全形拓，可以归入潘制刻版类。其他不再一一展开。

对于我们今天的读者来说，传承下来的金石拓本，不仅具有深厚的艺术感染力，而且那些不同时期的诸多题跋，还提供了丰富的学术及艺术史资料。经过分析和连缀，这些都可以构成另一种史书，给予我们探知和研究的快感。最后，让我们再录一段大盂鼎铭文拓本上的跋文，读一段"野史"：

> 忆四十年前陕友董引之者，其人年逾七十，详述其乡道光初年南公鼎出土之神奇、今归潘尚书之始末：其时也疾风暴雨凡三昼夜，岐山之麓有礼村，沟坍塌数十丈，是鼎出焉。初为岐山令周雨樵获去，后乃阖邑绅耆群起阻止，不得越境，盖知为鸿宝矣。迨同治间，又为项城袁文诚威挟利诱，遂辇之去。光绪初年，左文襄之督陕也，潘尚书索之至坚，文襄乃示意袁氏，往返答以"性命可轻，此宝不弃"。文襄无奈，奏参袁氏昔办粮台亏欠至百余万，奉旨革职查办。袁氏自知舍鼎别无营救之法，乃忍痛顾献此潘文勤。文襄复加派副将四员，亲兵八十名，沿途护送都中。潘乃犒赏副将每名千元，亲兵每名一百，此鼎遂归潘氏矣。世人怀宝可不慎乎……
>
> 甲子（1924）重九后二日补读庐主人题。[19]

补读庐主人陈桐君，字凤翁，斋名补读庐，号颖川飞凫人，广东顺德人。清末民国前期的书画收藏经纪人，因曾藏有北宋武宗元所作的《朝元仙仗图》而为世人所称述。其"陕友董引之"即董常伸，字引之，陕西郃阳人，乃清末碑帖商，在北京、苏州、南京、安庆居留时间较长。董氏精碑帖鉴别、工篆刻，刊有《述古阁印谱》，与顾沄、谭献、陈昔凡、吴昌硕等多有交往。当然，这些古玩商贾信息多，不可信的也不少，姑妄读之可也。

注释：

[1] 见本书"前篇"第二节。

[2] 《愙斋自订年谱》，《愙斋诗存》附录三，华东师范大学出版社，2009年，第204页。

[3] 见《吴愙斋尺牍》丁丑"三月廿二日""七月二十"，以及"己卯人日"等信，商务印书馆，1938年。

[4] 国家图书馆藏《吴大澂书札》第3册，第3页。转引自白谦慎：《吴大澂和他的拓工》海豚出版社，2013年，第60页。

[5] 左宗棠同治十三年九月十八日致潘祖荫信，《左宗棠全集·书信二》，岳麓书社，1996年，第503页。

[6] 吴云同治十三年致潘祖荫信，见《两罍轩尺牍》，《近代中国史料丛刊》第1辑，文海出版社，1966年，第565、566页。

[7] 中国国家图书馆藏吴大澂书札稿本。转引自李军《访古与传古——吴大澂的金石生活考论》，山东画报出版社，2014年，第13、14页。

[8] 陈继揆整理：《秦前文字之语》，齐鲁书社，1991年，第16页。

[9] 陈继揆整理：《秦前文字之语》，齐鲁书社，1991年，第32页。

[10] 吴云：《两罍轩尺牍》，《近代中国史料丛刊》第1辑，文海出版社，1966年，第569页。

[11] 吴云：《两罍轩尺牍》，《近代中国史料丛刊》第1辑，文海出版社，1966年，第570页。

[12] 图刊布于西泠印社编：《吉金留影——青铜器全形拓摹拓捃存》，上海书画出版社，2014年，第12、13页。

[13] 陈继揆整理：《簠斋鉴古与传古》，文物出版社，2004年，第14、15页。

〔14〕 图像刊布于张祖伟：《山东省博物馆藏全形拓英华》，《收藏》2016年9期。

〔15〕 国家图书馆藏件，见《中国国家图书馆藏青铜器全形拓片精品集（一）》第一七《毛公鼎》，北京图书馆出版社，2001年。

〔16〕 "乙亥（光绪元年，1875）四月廿二日"致王懿荣信。

〔17〕 见《管庭芬日记》道光二十四年（1844）正月十六日记六舟作"二十四气百花卷"，中华书局，2013年，第1148页。

〔18〕 浙江省博物馆编：《六舟——一位金石僧的艺术世界》，西泠印社出版社，2014年，第41页。图题"周伯山豆"，其实所拓之器为伯山父壶的盖子，壶身已失。

〔19〕 广州银通2014年秋拍0382号。

主要参考文献

〔1〕　上海博物馆编《盂鼎　克鼎》，上海博物馆，1959年。

〔2〕　上海博物馆编《人寿鼎丰——百岁寿星潘达于捐赠大盂鼎、大克鼎回顾特展》，上海博物馆，2004年。

〔3〕　吴大澂《愙斋集古图》上下二卷，上海博物馆藏。

〔4〕　吴大澂《愙斋集古录》，商务印书馆，1930年。

〔5〕　吴大澂《吴愙斋尺牍》，商务印书馆，1938年。

〔6〕　吴大澂《愙斋赤牍》，商务印书馆，1919年。

〔7〕　吴大澂《愙斋自订年谱》，《愙斋诗存》附录三，华东师范大学出版社，2009年。

〔8〕　吴大澂《皇华纪程》，黑水丛书《秋笳余韵》，黑龙江出版社，2005年。

〔9〕　吴大澂《愙斋诗存》，《清代诗文集汇编》730，上海古籍出版社，2010年。

〔10〕　顾廷龙编《吴愙斋先生年谱》，燕京学社，1935年。

〔11〕　顾廷龙抄本《潘文勤公与吴愙斋手札》，苏州博物馆藏。

〔12〕　陈介祺《簠斋尺牍》，商务印书馆，1919年。

〔13〕　陈继揆整理《秦前文字之语》，齐鲁书社，1991年。

〔14〕　陈继揆整理《簠斋鉴古与传古》，文物出版社，2004年。

〔15〕　吴云《两罍轩尺牍》，《近代中国史料丛书》第1辑，文海出版社，1966年。

〔16〕　释六舟《宝素室金石书画编年录》，《石刻史料新编》第4辑（十），新文丰出版公司，2006年。

〔17〕　顾廷龙编《王同愈集》，上海古籍出版社，1998年。

〔18〕　《光绪岐山县志》，《中国地方志集成·陕西府县志辑》第33册，凤凰出版社、上海书店、巴蜀书社，2007年。

〔19〕　张廷济《清仪阁所藏古器物文》，商务印书馆，1925年。

〔20〕　北京图书馆编《北京图书馆藏青铜器全形拓片集》，北京图书馆出版社，1997年。

〔21〕　西泠印社编《吉金留影——青铜器全形摹拓捃存》，上海书画出版社，2014年。

〔22〕 浙江省博物馆编《六舟——一位金石僧的艺术世界》，西泠印社出版社，2014年。

〔23〕 《看似寻常最奇崛：黄士陵书画篆刻艺术》，澳门市政局文化暨康体部，2001年。

〔24〕 仲威《纸上金石——小品善拓过眼录》，文物出版社，2017年。

〔25〕 中国社会科学院考古研究所编《殷周金文集成》（修订增补本），中华书局，2007年。

〔26〕 容庚《商周彝器通考》，上海人民出版社重排本，2008年。

〔27〕 陈梦家《西周铜器断代》，中华书局，2004年。

〔28〕 周亚《〈愙斋集古图〉笺注》，上海古籍出版社，2012年。

〔29〕 白谦慎《吴大澂和他的拓工》，海豚出版社，2013年。

〔30〕 李军《访古与传古——吴大澂的金石生活考论》，山东画报出版社，2014年。

〔31〕 马子云《金石传拓技法》，人民美术出版社，1988年。

〔32〕 周佩珠《传拓技艺概说》，人民美术出版社，2004年。

〔33〕 庞怀靖《周原地区出土著名青铜器漫话》，《周原资料汇编》第1集，陕西周原岐山文管所，1983年。

〔34〕 桑椹《青铜器全形拓技术发展的分期研究》，《东方博物》，2004年第3期。

〔35〕 王文耀、徐永卫《吴大澂铜器全形拓鉴赏》，《收藏》，2007年第12期。

〔36〕 罗宏才《愙鼎与愙斋》，《收藏家》，2008年第7期。

〔37〕 王屹峰《古砖花供：全形拓艺术及其与六舟之关联》，《中国国家博物馆馆刊》2015年第3期。

〔38〕 仲威《〈刘梁碑残石〉金石僧六舟拓本——嘉道时期"传拓"技艺的巅峰之作》，《艺术品》，2016年第4期。

〔39〕 陈郁《〈愙斋集古图卷〉被吴湖帆一分为二？》《吴大澂琐记：〈吉金图〉究竟几卷》，"嘉树堂"微信公众号等发表。

后　记

　　本书的完成，得到了很多单位和朋友的帮助。前发《考古学报》一文，蒙他们或提供资料原件以供查阅，或提供资料讯息，或提出修改意见，才得以顺利完成并及时刊发。"再篇"的撰写，更依赖许多朋友的鼎力支持。除作者单位上海博物馆各部门诸同事的积极帮助外，其他单位和社会人士，也都给予了很多热情的帮助，特别是提供了观摩原件和使用图片的方便，尤其难能可贵。这些都使我十分感激，铭记在心。

　　曾读罗振玉序《贞松堂吉金图》，所谓"金石之寿，有时不如楮墨……器之聚散当一任其自然，固不必私之一己也"，颇生感慨。后来又有感于王国维题毛公鼎拓本的一段题跋：

> 题识金石，雅事亦俗事也。三代文字古茂渊懿，岂容以后世笔墨点污其间。尝见村塾读本，以经传之文与近世之文编为一集，阅之心辄不怡。今以我辈题识此鼎，与村塾读本何异？愿×君将此拓重装而撤我辈题识，别装一幅，则庶不辱此佳拓矣。

　　观堂先生怕后人的续貂，有玷辱古人之嫌，表示了仰瞻而不敢近亵的敬意。当然，即续貂也不是我辈所能做的。当此，为了我们的"好事"，让很多朋友增添了麻烦，又来占用读者的时间，心有歉疚和忐忑。为此也只能再次表示深切感谢！

唐友波

二〇一七年十二月